Heidemarie Hillje
Ja zum Leben
Wege aus der Trauer

Verlag Via Nova

Heidemarie Hillje

Ja zum Leben
Wege aus der Trauer

Verlag Via Nova

Redaktionelle Unterstützung sowie Umsetzung des Vor- und Nachwortes
und der Geschichten im Anhang:
Annette Piechutta, Autorin und Ghostwriterin, www.ghostwriterin.com

1. Auflage 2012

Verlag Via Nova, Alte Landstr. 12, 36100 Petersberg

Telefon: (06 61) 6 29 73

Fax: (06 61) 96 79 560

E-Mail: info@verlag-vianova.de

Internet: www.verlag-vianova.de / www.transpersonale.de

Umschlaggestaltung: Guter Punkt, München

Satz: Sebastian Carl

Druck und Verarbeitung: Appel und Klinger, 96277 Schneckenlohe

ISBN 978-3-86616-214-3

Leere

Warst du da,
drehte sich meine Welt.
Du warst meine Welt,
die mich in Atem hielt.
Du bist fort
und es verliert alles seinen Sinn.
Ohne dich ist
kein Tag mehr schön.
Ohne dich kann nichts
aufwärtsgehen.
Weißt du denn nicht, was ich spür,
dass ich ohne dich frier?
Ohne dich wird mein Herz
immer einsam sein.

VERFASSER UNBEKANNT

Mit herzlichem Dank an meine Seminarteilnehmer,
die mich mit ihrem Vertrauen so reichlich beschenken.

Inhalt

In jeder Krise steckt eine Chance –
Wie ich zur Trauerarbeit kam

Im Waldorf Astoria in New York fing alles an. Ich arbeitete als Visagistin für ein US-amerikanisches Kosmetiklabel, hatte mir bei Fotomodellen, Fotografen und Agenturen einen Namen gemacht und war zur Belohnung für meinen Erfolg von der Geschäftsleitung eine Woche nach New York in den Mutterkonzern mit Übernachtung in einem der besten Hotels eingeladen worden. Ich zweifelte nicht an meinem Beruf. Ich wurde anerkannt, konnte mich durch regelmäßige Schulungen weiterbilden, und mir war eine Führungsposition in Aussicht gestellt worden.

New York war ein unerschöpflicher Raum interessanter und schöner Frauen, und eines Tages saß eine der „schönsten" vor mir, eines der gefragtesten Models mit makellosem Teint und herrlich langen Haaren. Schönheit ist ein abstrakter Begriff und wird seitens der philosophischen Disziplin gerne mit Ästhetik in Verbindung gebracht. Ja, sie war ästhetisch, vielleicht sogar schön, und als ich sie geschminkt hatte, konnte man sie für ein wahrhaft traumhaftes Wesen halten.

„Großartig", dachte ich, „du kannst schöne Menschen noch schöner machen", und doch war ich diesmal mit meiner Arbeit nicht zufrieden. Etwas fehlte. Etwas, das man nicht mit Pinsel und Farbe betonen kann. Es war ihr Seelenblick, dieser traurige Schleier vor den Augen, und später, als sie sich erhob, dieser schleppende, gebeugte Gang, als würde sie die Last der Welt auf ihren Schultern tragen.

Die Ausstrahlung macht wirkliche Schönheit aus, die innere Einstellung zu sich und dem Leben, und ab diesem Moment sah ich die Frauen, die sich von mir schminken ließen, mit anderen Augen.

Zurück in Deutschland ließ mich das Thema Frau und (innere) Schönheit nicht los. „Wo ist der Weg nach innen?", fragte ich mich. „Wo liegt der wahre Glanz?"

Ich begann mich mit der Seele zu beschäftigen, der Gesamtheit aller Gefühlsregungen und geistigen Vorgänge beim Menschen, und kündigte am Höhepunkt meiner Karriere meinen Job, um als Arzthelferin bei einem bekannten Nervenarzt zu arbeiten. Dort betreute ich unter anderem Patienten, die im Warteraum auf ihre Angehörigen oder den Krankenwagen warteten, redete mit ihnen und beschäftigte sie. Hier sprang der Funke über, helfend tätig zu werden und wirklich Sinnvolles zu tun.

Ich wollte meinen zukünftigen Beruf von der Pike auf lernen und begann auf dem zweiten Bildungsweg an einer Privatschule in Duisburg sechs Semester Humanistische Psychologie zu studieren, die sich als dritte Kraft neben der Tiefenpsychologie und dem Behaviorismus versteht, mit dem Abschluss Psychodrama, in Anlehnung an die Lehren des Wiener Arztes Jakob Levy Moreno.

Bis dahin hatte ich geglaubt, dass das Leben für mich nur aus Erfolgen und Höhenflügen besteht. Doch dann verlor ich innerhalb kurzer Zeit drei wichtige Menschen in meinem Leben. Trauer, Depression und tiefe Verzweiflung überfielen mich, verbunden mit Schlaf- und Essstörungen. Das war der Schlüssel zu einer anschließenden Ausbildung in Trauer- und Sterbebegleitung bei Dr. Canacakis an der „Akademie für Menschliche Begleitung" in Essen.

Ich weiß, wie sich Schmerz anfühlt, ich kenne die Verzweiflung und Einsamkeit und die schrecklichen Momente beim Erwachen nach einem unruhigen Schlaf, wenn der seelische Schmerz als Erster „Guten Morgen" sagt. Ich habe aber auch in meinem Leben aufgeräumt, in meine dunklen Abgründe hineingeschaut, mein Herz geöffnet und mich angenommen, so wie ich bin. Ich schminke mich noch immer, aber ich übertünche nichts mehr.

KAPITEL 1

Der Weg der Trauer
macht dich zu einem Juwel

Lieber Leser, liebe Leserin,
der Tod eines geliebten Menschen bringt den Zurückgebliebenen unweigerlich in einen Trauerprozess. Wenn die Themen der Trauer wie Hilflosigkeit, Verzweiflung und Wut nicht verarbeitet werden, kann es nicht nur zu psychosomatischen Störungen, sondern bis zum Amoklauf kommen. Trauer hat keine Lobby, und das war vielleicht der Grund, warum du dieses Buch gekauft hast.

Verzeih mir, wenn ich dich mit „Du" anspreche, doch aus der Distanz kann ich dein Herz nicht erreichen. Sei also herzlich willkommen, und lass dich von mir auf den dir noch unbekannten Weg einstimmen. Lass dir helfen, der Einsamkeit und Isolation zu entfliehen, und ermutigen, den Schmerz und somit das Leben anzunehmen mit all seinen Höhen und Tiefen.

Mit diesem Buch reiche ich dir meine Hand und sage dir: Geh behutsam mit dir um. Wirf die Angst weg, sie kostet dich nur Kraft und Energie, und lass dich von mir durch den Prozess deiner Trauer führen. Nimm meine Hilfe auf deinem Weg an, der zunächst steinig ist, dich aber bald spüren lässt, dass dein „Trauerrucksack", der jetzt noch prall gefüllt ist, von Schritt zu Schritt leichter wird.

Ich freue mich, dass ich dich begleiten darf, und danke dir für dein Vertrauen.

Dein Trauerrucksack

Das Wichtigste ist, dass du bereit bist, deinen „Trauerrucksack" abzulegen und auszupacken. Lege deine Gefühle frei, die du sorgsam in ihm verschnürt hast: Zorn, Wut, Verzweiflung, Hilflosigkeit, Angst, Neid, Gier, Eifersucht, Orientierungslosigkeit, Liebe ... Lässt du ihn verschnürt und packst vielleicht noch etwas darauf, wirst du bald gebeugt gehen, weil der Rucksack zu schwer ist, oder du wirst im schlimmsten Fall unter seiner Last zusammenbrechen. Entlaste dich. Lass dir helfen. Sieh dich nach einem Menschen um, der deinen Rucksack neu mit dir packt, dir beim Tragen hilft und deine Gefühlswelt von außen betrachtet. So einen Menschen wünsche ich dir von ganzem Herzen.

Bist du noch nicht bereit, dich einem anderen Menschen gegenüber zu öffnen, dann lass dir Zeit. Der Tag, an dem du dich öffnen willst, wird kommen, das verspreche ich dir.

Trauer ist Schwerstarbeit für die Seele

Wenn wir einen geliebten Menschen durch Trennung oder Tod verlieren, hat das Auswirkungen auf Leib und Seele. Oft sind wir durch seelischen Schmerz gezeichnet, hilflos dazu, denn wir wissen nicht, wie wir mit Schicksalsschlägen umgehen sollen. Es gehört zu den schwersten Prüfungen des Lebens, mit dem Verlust eines nahestehenden Menschen, insbesondere mit seinem Tod und dem damit verbundenen Schmerz, fertigzuwerden. Leider gibt es keinen Weg um die Trauer herum, sondern nur einen durch sie hindurch.

Trauer ist Schwerstarbeit für die Seele und Weinen ist erlaubt. Trauer, Hoffnung und die Ergänzung heißen eigentlich Liebe. Doch nein, „Training" ist das Zauberwort. Glaube an dich, arbeite an dir und deinen Gefühlen, die dich zu erdrücken scheinen. Es gibt kein Leben, in dem nur Freude herrscht, doch verschließe nicht dein Herz aus Angst vor dem Schmerz, sage nicht: „Ich lasse niemanden mehr an mich heran, weil ich verletzt worden bin." Um innerlich wieder stabil zu werden, musst du die Bereitschaft mitbringen, dir selbst im Schmerz zu begegnen. Mach dir klar, warum du trauerst, benenne deinen Kummer. Weine. Aber jammere nicht. Jammern bringt dich nicht weiter, sondern zieht dich nur noch mehr in den Sumpf dumpfer Gefühle. Sieh dich nicht in der Opferrolle und nimm bitte keine Medikamente, denn Trauer ist keine Krankheit. Trauer ist eine Fähigkeit, die uns von Natur gegeben ist, damit wir die Verluste in unserem Leben verarbeiten können.

Ich kann verstehen, dass es durchaus verlockend ist, sich nicht den Herausforderungen zu stellen, den Kopf in den Sand zu stecken und unerwünschte Gefühle zu unterdrücken. Durch das vielfältige Angebot der Medien beschäftigen wir uns mit allen möglichen Schicksalen, nur nicht mit unserem eigenen, und die Werbung suggeriert uns, dass Alkohol und andere Genussmittel das Leben leichter machen. Doch all das ist der sichere Weg, einen natürlichen Heilungsprozess zu verhindern. Eine nicht verarbeitete, versteckte und verdrängte Trauer zieht unweigerlich Konsequenzen nach sich, und körperliche und seelische Krankheiten lauern, um aus uns einen Langzeit-Patienten zu machen.

Viele Menschen neigen in einer Krise dazu, sich vollkommen zurückzuziehen und nicht mehr am öffentlichen Leben teilzunehmen. Sie haben keine Lust mehr auf „Leben", können keine Freude und tiefe Leidenschaft empfinden und verschließen ihr Herz aus Kummer und Schmerz. Viele leben so abgeschottet, dass sie zu keinen Gefühlen mehr fähig sind und im Laufe der Jahre rücksichtslos und gefühlskalt werden. Ich habe oft genug erlebt, dass daran langjährige Beziehungen und Freundschaften zerbrochen sind. Lass es bitte nicht so weit kommen!

Wem das eigene Leben egal geworden ist, der empfindet keine echte Liebe mehr für seine Mitmenschen und keinerlei Empfindung für die Natur mit all ihrer Vielfalt und ihren faszinierenden Lebewesen. Er nimmt sie nicht mehr wahr. Ein Leben, das nicht mehr richtig gelebt wird, ist ein Tod bei lebendigem Leib. Aber wie viel Trauer ist gesund und was ist das Maß für die richtige Trauer? Ein Pfund, ein Kilo, ein Jahr, ein Leben lang, ein Tropfen dreimal täglich: morgens, mittags, abends …?

Durchschreite jetzt das Tal der Trauer, es wird vorübergehen! Nimm die Herausforderung an und nutze sie zur persönlichen Weiterentwicklung. Stell dich deinen Gefühlen, sei bereit, den Weg durch die Trauertiefen und -höhen zu gehen. Registriere alle Empfindungen, die sich zeigen, beurteile sie nicht und sträube dich nicht dagegen. Nimm sie wahr und benenne sie – nicht mehr und nicht weniger. Mach dir bewusst, dass auch die schlimmsten Gefühle vorübergehen. Sie gehören zu einem gesunden Trauerprozess. Doch bitte, betäube sie nicht mit Alkohol und anderen Drogen, auch wenn die Versuchung noch so groß ist.

„Na ja, das ist leicht gesagt", wirst du jetzt vielleicht sagen. Doch wenn du das Buch weiter liest – und davon gehe ich aus – wirst du Übungen finden, die dir helfen werden, stark zu bleiben. Sei dabei geduldig und gehe liebevoll mit dir um, auch wenn es nicht auf Anhieb klappt – aber gib niemals auf.

Ein Trauerprozess ist wie eine Bergwanderung durch verschiedene Regionen. In manchen wirst du länger verweilen, weil sie mühsam und beschwerlich sind, wieder andere wirst du leichten Fußes durchlaufen. Mach dir die einzelnen Stationen bewusst, die du durchlebst, beginne bei ORIENTIERUNGSLOSIGKEIT, WUT und AGGRESSION. Irgendwann wirst du BEGREIFEN und schließlich dein Schicksal ANNEHMEN. Dann wirst du spüren, dass du vorangekommen bist und eine neue Identität auf dich wartet. Der Weg der Trauer macht dich zu einem Juwel, denn es sind die Tiefen im Leben, die dich voranbringen!

Nichts bleibt, wie es ist, alles ist in ständiger Bewegung.

Wenn wir dies begriffen haben, begreifen wir das Leben. Auch die schlimmsten Zeiten gehen vorüber. Habe deshalb den nötigen Mut, durch die Trauer hindurchzugehen. Ich wünsche ihn dir – und die nötige Geduld, deinen ganz persönlichen Weg zu finden.

Ängste und Befürchtungen

Für mich ist der Tod das Hinübergleiten in eine andere Dimension, in eine geistig-spirituelle Entwicklungsstufe. Angst vor meinem Tod habe ich heute nicht mehr. Eher schon fast eine Vorfreude auf das Leben im Licht, und ich hoffe, dass Gott, oder wie immer man eine höhere Macht nennen will, mir meine Sünden vergibt. Ich hoffe, dass ich nicht zu schnell (zum Beispiel durch einen Unfall) zu Tode komme. Ich möchte an meinem Lebensende so weit in meiner Entwicklung sein, dass ich mein Leben in Frieden loslassen kann, dass ich sagen kann: „Ich habe gelebt, wirklich gelebt! Ich habe mich der Herausforderung ‚Leben' gestellt, weiß, was Leben ist und bedeutet." Ich will nichts nachholen müssen, will sagen können: „Mein Leben war intensiv und ich danke für dieses Geschenk."

Memento mori (bedenke, dass du sterben wirst) wird leider in unserer Gesellschaft verdrängt. Leben wird konsumiert. Wer wirklich leben will, muss sich bereits zu Lebzeiten auf den Tod vorbereiten und damit beschäftigen, um den Sinn des Lebens zu erfahren. Auch ich habe Angst. Ich versuche, diese Angst anzunehmen, die ich nicht vor dem Tod, aber vor dem Sterbeprozess und vor schwerer Krankheit, Leid und Siechtum habe. Sich in den Tod hineinquälen müssen, nicht loslassen können, festhalten wollen, weil so vieles nicht gelebt wurde und man nichts mehr nachholen kann, wäre schrecklich, schmerzlich und leidvoll. In einer Sterbebegleitung bei einem lieben Freund habe ich das so erlebt. Es war nicht nur für ihn, es war für die ganze Familie leidvoll. So sollte Abschied niemals sein.

Diese Erfahrung mit meinem Freund hat mir die Augen geöffnet für das Wesentliche im Leben. Und dass man den Tod mit ins Leben integrieren muss. Man stirbt, wie man gelebt hat. Ich will gut leben, um gut sterben zu können. Für mich heißt Leben, sich mit dem Tod beschäftigen, denn er gehört dazu.

„Lebe dein Sterben!" ist für mich einer der wichtigsten Lebenssätze.

Wir haben nichts mitgebracht, nehmen nichts mit, alleine sind wir gekommen und alleine gehen wir. Im Sterben zählt nur das, was unser Sein ausmacht, das, was wir an Liebe und Güte, Friede und Freude gelebt und weitergegeben haben.

Ich möchte diesen kleinen Monolog mit einem Zitat von Joseph von Eichendorff beenden: *Und meine Seele spannte weit ihre Flügel aus, flog durch die stillen Lande, als flöge sie nach Haus.*

Das Annehmen von Vergänglichkeit

Das Annehmen von Vergänglichkeit konfrontiert uns mit tiefen Ängsten. Die Angst vor Kontrollverlust, Veränderungen und eine tiefe Angst vor dem Unbekannten. Deshalb sind Tod und Sterben Tabuthemen in unserer Gesellschaft. Unabhängig davon, ob wir den Tod als Endstation oder als Übergangsphase betrachten, er wird immer eine Frage des Glaubens sein. Was bleibt, ist die Tatsache der Endlichkeit, das Loslassen. Das letzte Loslassen ist der Abschied vom Leben. Erst wenn wir verstehen, dass alles im Wandel ist und in jedem Übergang ein tiefer Erfahrungsschatz liegt, können wir verstehen, was mit Leben gemeint ist.

Oft ist in einer Trauerrede von Dankbarkeit die Rede und wir finden viele freundliche Worte für den Verstorbenen. Doch ich frage mich, warum? Warum erst jetzt? Warum denken wir erst am Grab daran, dann, wenn es zu spät ist? Warum denken wir erst angesichts des Todes an die Leistungen des Lebens? Warum machen wir uns den Alltag durch Neid, Streit und Intrigen so schwer, wenn uns am Sarg die wirklich wichtigen Worte so leicht über die Lippen kommen?

Klug werden, indem wir die Grenzen unseres Denkens und Planens in die Rechnung unseres Lebens einkalkulieren. Damit meine ich nicht nur die Lebensversicherung. Sich gegen das Leben versichern kann niemand. Das Leben kann so schnell zu Ende gehen und nichts mehr ist nachzuholen. Überlege deshalb jeden Abend vor dem Einschlafen, was du heute für deinen Nachruf geleistet hast.

Einer meiner Seminarteilnehmer sagte einmal: „Ich habe etwas ganz Besonderes durch den Tod eines Kollegen gelernt. Jeden Tag überlege ich jetzt, was ich heute meiner Familie, meinen Freunden oder Arbeitskollegen sagen kann, um es nicht erst auf ihrer Beerdigung aussprechen zu müssen. Der oft gesagte Spruch *Das Leben muss weitergehen* ist richtig. Ja, es muss weitergehen. Aber anders. Das habe ich mir vorgenommen."

Was ein geliebter Mensch im Leben war,
das wird er uns auch
nach dem großen Abschied bleiben.

IRMGARD ERATH

KAPITEL 2

Ein Jegliches hat seine Zeit

Ein Jegliches hat seine Zeit,
und alles Vorhaben unter dem Himmel hat seine Stunde:
Geboren werden hat seine Zeit, sterben hat seine Zeit,
pflanzen hat seine Zeit, ausreißen, was gepflanzt ist, hat seine Zeit,
töten hat seine Zeit, heilen hat seine Zeit,
abbrechen hat seine Zeit, bauen hat seine Zeit,
weinen hat seine Zeit, lachen hat seine Zeit,
klagen hat seine Zeit, tanzen hat seine Zeit,
Steine wegwerfen hat seine Zeit, Steine sammeln hat seine Zeit,
herzen hat seine Zeit, aufhören zu herzen hat seine Zeit,
suchen hat seine Zeit, verlieren hat seine Zeit,
behalten hat seine Zeit, wegwerfen hat seine Zeit,
zerreißen hat seine Zeit, zunähen hat seine Zeit,
schweigen hat seine Zeit, reden hat seine Zeit,
lieben hat seine Zeit, hassen hat seine Zeit,
Streit hat seine Zeit, Friede hat seine Zeit (...)

(PREDIGER 3, VERS 1-2)

Ein Jegliches hat seine Zeit, vor allem die Trauer, damit die Seele wieder gesunden kann. Sie ist eine Wunde des Herzens, die sich schließen muss, um wieder heil zu werden. Du selbst kannst einiges tun, kannst deine seelische Wunde wie eine körperliche (die einen neuen Verband oder eine schmerzlindernde Salbe braucht) behandeln und pflegen.

Nach wissenschaftlichen Erkenntnissen von Prof. Dr. phil. Verena Kast gibt es fünf Trauerphasen, die in unterschiedlicher Folge auftreten und unterschiedlich lang anhalten können. Sie alle müssen angenommen und durchlebt werden. Erst dann kann deine Wunde heilen. Deine Aufgabe ist es, das Geschehene anzunehmen und in deinem Leben zu integrieren, damit du am Ende deines Trauerprozesses wieder zu neuem Lebensmut findest.

Die Trauerphasen sind:
1. Schock
2. Reaktionsphase
3. Ausbruch der Emotionen
4. Begreifen
5. Neuorientierung

Die Wege der Trauer sind abgelegene, oft unsichere und selten begangene Wege, Wüstenwege in der Landschaft der Seele. Wer auf diesen Pfaden unterwegs ist, hat manchmal das Gefühl, sich zu verlaufen oder die Orientierung völlig zu verlieren. Ich nehme dich an die Hand und begleite dich ein Stück, vertraue mir.

Trauerphase 1 – der Schock

Wenn wir einen Todesfall in unserem nahen Umfeld miterleben oder benachrichtigt werden, dass eine uns nahestehende Person gestorben ist, kann der Schock so groß sein, dass wir augenblicklich erstarren. Der Atem stockt, der Körper verkrampft sich oder es verschlägt uns die Sprache, wir brechen zusammen, schlagen wild um uns oder schreien unseren seelischen Schmerz hinaus. Die Reaktionen können sehr unterschiedlich sein. Alles darf sein!

Wir glauben, jemand zieht uns den Boden unter den Füßen weg. Wir fallen emotional buchstäblich ins Bodenlose, haben keinen Halt mehr, wissen nicht mehr, wo wir sind und wer wir sind. Von einer Sekunde auf die andere sind wir aus unserer inneren Balance geworfen worden. Der Schock kann so groß sein, dass wir zunächst weder die anderen noch uns selbst wahrnehmen oder spüren. Als Schockreaktion auf die Trennung schalten Psyche, Körper und Geist auf gefühllos, damit der Mensch den ersten überwältigenden Ansturm überlebt.

In diesem Moment, wo alles – unser ganzes Leben, unser Selbstbewusstsein, unsere innere Stabilität – zusammenbricht, ist es wichtig, dass wir nicht alleine sind. Freunde, Verwandte oder vertraute Personen sollten bei uns sein und bleiben, um das Geschehene mitzutragen. Leider flüchten viele, weil sie sich nie mit dem Thema Tod beschäftigt haben, außer in Krimis, wo sie von außen zuschauen können.

Wenn uns solche Schicksalsschläge treffen, sind wir unfähig, uns selbst zu versorgen oder auf uns zu achten. In diesem Moment stirbt etwas in uns. Wir sterben ein Stück mit dem, was von uns geht. Wir verlieren nicht nur einen Menschen, der uns nahe war, wir verlieren in diesem Moment auch den Glauben an das Leben und uns selbst, bezahlen mit unserer Lebendigkeit oder erstarren zur Salzsäule. Viele Menschen denken, alles sei nur ein böser Traum, aus dem sie gleich wieder aufwachen würden. Doch wenn sie aufwachen, ist der seelische

Schmerz mit all seiner Heftigkeit da und überfällt sie wie ein unvorhersehbares Gewitter.

Das sollst du wissen, damit du vorbereitet bist, falls du eine solche Situation noch nie erlebt hast. Verzweifele also nicht. Diese Phase geht vorüber, vertraue darauf! Aber bitte, greife nicht zu Tabletten und lass dir, wenn möglich, keine Beruhigungsspritze geben.

Trauerphase 2 – Reaktionsphase

In der Reaktionsphase überfällt uns eine große Hilflosigkeit. Oft wissen wir nicht mehr, wer wir oder wo wir sind. Das ganze Leben erscheint sinnlos ohne den geliebten Menschen, der uns verlassen hat oder gestorben ist. Eine große Leere stellt sich ein. Was uns bisher wichtig war, verliert seinen Wert. Wir sind orientierungslos und brauchen Halt.

Die Frage nach dem Warum steht im Raum. Es werden Schuldige gesucht. Wenn Lebenspartner verstorben sind, so werden sie oft idealisiert: *Er war mein Halt, wie soll mein Leben nur ohne den geliebten Menschen weitergehen?* Wir wollen zurückhaben, was uns auf tragische Weise genommen wurde. Wir halten fest, weil wir nicht fassen können, was geschehen ist, sträuben uns gegen das Unrecht und wehren uns mit aller Kraft gegen diese Veränderung in unserem Leben, die uns übergestülpt wurde.

Auch diese Reaktion ist ganz natürlich und dient als Schutz für die Seele, weil sie mit dem Schmerz überfordert ist. Noch wehren wir uns gegen das Schicksal, wollen und können es nicht annehmen. Wir begreifen nicht, was wir bereits wissen, suchen den geliebten Menschen an den unterschiedlichsten Orten, oft dort, wo er sich in der Regel aufhielt oder wo sein Lieblingsplatz war. Wir sprechen mit ihm. Wir rufen nach ihm. Vielleicht denken wir, er kommt gleich zur Tür herein. Wir wollen nicht wahrhaben, dass er nicht mehr da ist. Die Wahrheit annehmen, das tut weh, ist ein langer Weg und braucht seine Zeit.

Manche Menschen flüchten sich aus Verzweiflung in die Vergangenheit, tun so, als sei die geliebte Person noch da. Das ist eine Schutzreaktion, um zu überleben – und ein Trugschluss. Denn in dem Moment, in dem man *erwacht* und die Leere fühlt, kommt der Schmerz mit doppelter Kraft zurück. Ja, das nächtliche oder morgendliche Aufwachen sind die besonders schlimmen Momente.

Ich sage dir das, damit du weißt, was auf dich zukommen kann. Es gehört zu den Trauerphasen dazu, so zu reagieren. Wehre dich also nicht, nimm auch diese Phase an und vertraue darauf, dass alles wieder gut wird. Ja, es wird alles wieder gut. Aber ANDERS – und nie mehr so, wie es einmal war.

Übung

- Wähle eine Zeit, in der du alleine bist und dich möglichst niemand stört: kein Radio, kein Telefon, kein Läuten an der Tür.
- Setze dich an einen leeren Tisch, zünde eine Kerze an und stelle einen Zeitwecker daneben, den du auf fünf Minuten stellst.
- Erinnere dich daran, wie es war, als du die Nachricht vom Tod des geliebten Menschen erhieltst und in eine Schockphase fielst.
- Wer hat es dir gesagt?
- Wie wurde die Nachricht überbracht?
- Wer ist bei dir geblieben?
- Denke fünf Minuten darüber nach.
- Nach diesen fünf Minuten nimm das Buch und wende dich der nächsten Seite zu, der Phase 3, dem „Ausbruch der Emotionen".

- Lies diese Seite und denke auch hierüber fünf Minuten nach.
- Gehe dann über zu den nächsten Phasen der Trauer, dem „Begreifen" und der „Neuorientierung".
- Nun horche in dich hinein und stelle dir die Frage:
  Bin ich bereit, diese Trauerphasen mit all ihren Höhen und Tiefen anzunehmen und zu durchleben?

Ich wünsche dir, dass jetzt ein klares Ja in dir aufsteigt. Ist es ein Nein, dann stelle dir die Frage morgen wieder. Falls du gläubig bist, hilft dir vielleicht ein Gebet, zum Beispiel „Hilf mir heute, Gott ..." aus Kapitel 8. Schreibe es ab und lege es auf deinen Nachttisch, damit du es griffbereit hast.

Trauerphase 3 – Ausbruch der Emotionen

In dieser Phase der Trauerverarbeitung überfallen uns Gefühle wie Wut, Tränen, Schuld, Groll oder Neid mit aller Heftigkeit und wir zerfließen in Tränen. Das ist gut so. Denn Tränen lassen den Stress aus uns herausfließen! Selbstvorwürfe quälen uns, zum Beispiel das Gefühl, nicht alles getan oder gesagt zu haben. Vielleicht würden wir gerne etwas gutmachen und diese vermeintliche Schuld bedrückt uns, macht uns hilflos, wütend und klein.

Groll und Neid steigen in uns auf, Neid auf andere, die ihre Lebenspartner, Eltern, Geschwister oder Kinder noch haben. Wir können nicht mehr durch den Park gehen, weil wir überall nur noch Paare oder Mütter mit Kinderwagen sehen. Das Leben und die Wahrheit können oftmals gnadenlos sein, so mag es uns vorkommen. Und doch ist es ein Mosaik, das zu unserem Leben gehört. Kein Leben ist ohne Schmerz.

Wer trauert, hat ein Recht auf Tränen und Klagen, auf Wut und Eifersucht. Wer Sprachlosigkeit, Schuldgefühle und Verzweiflung versucht auszudrücken, sei es durch Schreiben, Malen oder eine andere schöpferische Tätigkeit, kann sich leichter mit seinem Schicksal abfinden. Gerade in den depressiven Phasen des Lebens sind Menschen oft besonders kreativ, und ich denke hierbei an Künstler wie van Gogh, Edvard Munch, Maria Callas oder Edith Piaf.

Nimm diese Phasen der chaotischen Gefühle an, sie gehören dazu und gehen vorüber! Vertraue darauf, dass aus dem Chaos wieder Ordnung wird.

Das bringt Ordnung in deine Gefühle

Suche dir einen ausgebildeten Trauerbegleiter bzw. eine Trauerbegleiterin. Auf den letzten Seiten dieses Buches findest du Adressen von professionellen Helfern.

Sage jetzt bitte nicht: „Mir kann doch keiner helfen."

Wenn du das sagst, muss ich dir leider mit aller Deutlichkeit widersprechen. Es gibt immer Hilfe, aber du musst sie annehmen wollen und die Hand, die sich dir entgegenstreckt, ergreifen.

Trauerphase 4 – Begreifen

In dieser Phase der Trauerverarbeitung begreifen wir das Geschehene allmählich. Wir nehmen das ganze Ausmaß und die damit verbundenen Konsequenzen für unser Leben an. Wir wehren uns nicht mehr gegen das Schicksal. Erst jetzt sind wir bereit zu akzeptieren. Erst jetzt können wir uns in die folgende Phase der „Neuorientierung" einlassen.

Unerledigtes – wie zum Beispiel Schuldgefühle, weil wir gerne noch so vieles gesagt hätten, was nun ungesagt bleibt, oder ein unklarer

Abschied – werden nun allmählich abgeschlossen und in unser Leben integriert. Wir haben vergeben und verziehen, uns selber und dem Verstorbenen.

Der Pfarrer, Freunde, Verwandte und Bekannte haben dem Verstorbenen (schriftlich oder durch Worte) Frieden gewünscht. Nun erkennen wir, dass vor allem WIR SELBST Frieden brauchen, inneren Frieden.

Inneren Frieden bekommen wir, wenn wir die Vergangenheit hinter uns lassen, das weniger Gute akzeptieren und die schönen Erinnerungen in uns bewahren.

Die Vergangenheit ist vorbei, die Zukunft noch nicht da. Wir haben nur das Hier und Jetzt. Stell dich also der Herausforderung Leben, glaube an die Zukunft mit der Gewissheit: Ich schaffe das.

Du schaffst das!

Trauerphase 5 – Neuorientierung

Diese Phase beginnt erst, wenn wir uns den anderen gestellt, sie durchlitten und durchlebt haben. Die Überfallattacken der Gefühle hören auf. Natürlich nehmen wir noch die Trauer um den geliebten Menschen wahr, aber sie zieht uns nicht mehr herunter. Das Interesse und die Lust am Leben kommen wieder, der Appetit auf gutes Essen und der Wunsch nach gemütlichen Abenden stellen sich ein. Wir erkennen, dass es darum geht, das eigene Leben ohne den geliebten Menschen zu gestalten, und wir spüren den Willen und den Mut dazu. Wir wissen jetzt, was Verzeihen und Vergeben ist, und haben losgelassen von dem Schmerz. Er soll nicht mehr unser Lebensbegleiter sein, und wir erkennen doch: Er war unser größter Lehrmeister!

Unser trauerndes Herz, das sich oftmals aus unerträglichem Schmerz und schrecklicher Angst verschlossen hat, ist wieder offen. Wir sind liebevoller und dankbarer geworden – uns selbst und dem Leben gegenüber. Die Werte haben sich verschoben, Oberflächliches ist nicht mehr so wichtig. Die/der Geliebte hat bei uns den richtigen Platz gefunden, dort, wo unsere lieben Verstorbenen hingehören, in unser Herz. Das Herz ist groß und heißt auch andere, vielleicht neue Lebenspartner, willkommen. Es bietet genug Platz. Dabei gerät der Verstorbene nicht in Vergessenheit, es entsteht nur eine neue Art der Liebe zu ihm.

Den Schlüssel für ein großes Herz trägst du mit diesem Buch in deinen Händen, ob du es aufschließt, ist deine Entscheidung. Wenn du das kannst, bist du ein Mensch mit Tiefgang geworden und wirst leuchten, trotz deiner schlimmen Erfahrungen – oder gerade deswegen.

Jetzt kannst und sollst du wieder Freude empfinden, du sollst lachen, tanzen, dich auf das Leben und deine Zukunft freuen. Du hast die Trauer DURCHLEBT, darfst dir selbst auf die Schulter klopfen und dich beglückwünschen. Dein Schmerz ist geheilt!

Ich wünsche dir doppelt so viel Glück und Freude, wie du Schmerzen erlebt hast!

Eines Morgens früh
wirst du dem anbrechenden Tag
wieder entgegenlächeln
und der Freude
wieder Einlass geben können
in dir.

Eines Morgens früh
wird die Sonne
wieder aufgehen
in dir
und du wirst danken können,
dass du da bist.

Eines Morgens früh
wirst du die Aufgaben,
die vor dir liegen,
wieder als Herausforderung empfinden,
die dich spüren lassen,
dass du gebraucht wirst,
so, wie du bist."

Christa Spilling-Nöker

KAPITEL 3

Männer und Frauen
trauern unterschiedlich

Männer trauern anders

Männer trauern anders, weil sie anders sind. Das hat nichts mit bestimmten Fähigkeiten, sondern mit Verhaltensweisen zu tun, die sehr früh anerzogen wurden. „Ein Junge weint nicht", ich zumindest kann mich noch an diesen Leitsatz erinnern. Der kleine Junge versucht also nicht zu weinen, hat seinen Vater nie weinen sehen – aber seine Mutter. Demnach dürfen Frauen weinen, aber (starke) Männer nicht.

Männer unterdrücken in der Regel ihre Trauer, viele haben nie gelernt, Gefühle zu zeigen. Sie flüchten sich in Arbeit (Workaholic), so lange, bis die Seele rebelliert und eine Krankheit sie zwingt, innezuhalten. Ärzte erkennen oft nicht die unterlassene Trauerarbeit und führen Antriebslosigkeit, Konzentrationsschwäche oder das sogenannte Burnout-Syndrom auf zu viel Stress und Arbeit im Job zurück.

Wird ein Mann von seinem Partner oder seiner Partnerin verlassen, geht er meist relativ schnell eine neue Beziehung ein, und das hat nicht nur damit zu tun, dass er mit den normalen Dingen des Alltags, wie Wäsche waschen, einkaufen gehen und Essen zubereiten, nicht klarkommt. Natürlich braucht man(n) in dieser schweren Phase jemanden zum Reden und Anlehnen, doch es ist wichtig, die Trauer erst einmal zu durchleben, um wieder zu einem inneren Gleichgewicht zu finden. Eine Trauerphase von einem Jahr macht Sinn. Keinesfalls sollte versucht werden, der Einsamkeit durch einen „Ersatzpartner" zu entfliehen, das wäre für die neue Beziehung fatal.

Ich möchte es noch einmal sagen: Weinen ist keine Schwäche! Weinen ist eine Schutzfunktion für den menschlichen Organismus bei Schmerz, Trauer, Angst und Ärger, ein Überdruck der Seele, die sich entlasten will.

Doch eines haben Männer und Frauen gemeinsam in ihrer Trauer: Beide fühlen sich verlassen und verloren.

Frauen tragen ihre Trauer nach außen

Frauen tragen ihre Trauer nach außen. Sie weinen und nutzen damit diesen emotionalen Ausdruck, um ihren Schmerz und ihre Schwermut zu zeigen, lösen eine Art Mitfühlreflex aus. Weinen ist ein Sozialverhalten, das die Funktion hat, andere Mitglieder einer sozialen Gruppe auf ein bestimmtes Ereignis aufmerksam zu machen. Frauen teilen sich dadurch mit, bleiben mit ihrer Trauer nicht alleine und nehmen Hilfe an.

Lebt ein Mann im Trauerfall eher zukunftsorientiert und verdrängt dadurch vieles, helfen einer Frau bei der Trauerverarbeitung die Erinnerungen. Frauen wollen nicht so schnell vergessen und das ist auch gut so. Ereignisse, die man vergisst, fallen aus dem Gedächtnis und kippen ins Nichts. Das ist eine Form der Verdrängung, und wer verdrängt, hält die Dinge ungewollt am Leben, sie gären im Unterbewusstsein weiter und treten dann zutage, wenn wir sie am allerwenigsten gebrauchen können.

Vergessen heißt, die Erinnerung verlieren zu wollen, und wer sein Gedächtnis verliert, verliert sich selbst. All unsere Erinnerungen, begonnen vom ersten Schultag bis zum ersten Kuss und darüber hinaus, formen unsere Biografie. Wir können und dürfen diese Erlebnisse nicht vergessen. Auch vergangenes Leid muss lebendig bleiben, damit wir die Freude im Hier und Jetzt zu schätzen wissen, und weil Gutes und Böses zu unserem Leben gehören, das wir annehmen müssen, egal, wie es kommt.

Du wirst die vergessen,
mit denen du gelacht hast,
aber du wirst nie die vergessen,
mit denen du geweint hast.

KHALIL GIBRAN

Das Urgesetz des Lebens

Aus der Natur können wir lernen, sie zeigt uns das Werden und Vergehen in den unterschiedlichen Jahreszeiten, und Bäume predigen uns das Urgesetz des Lebens. Bis tief in die Erde reichen ihre Wurzeln und aus den verborgenen Quellen, den Wasseradern des Lebens, ziehen sie ihre Kraft. Die Wurzeln geben Stabilität und Wachstum. Bäume sind weise, geben sich dem Kreislauf der Natur hin, verwandeln sich je nach Jahreszeit und nehmen an: die wärmende Sonne, den kühlen Wind und den Regen. Sie lassen im Herbst ihre Blätter fallen und im Frühling neue entstehen.

Bäume sind ein Symbol für Vertrauen. Wenn ihre Wurzeln einen guten Stand haben, sind sie durch nichts zu erschüttern. Bäume geben Saft, geben ihre Früchte, geben Holz und sie geben ihr Blattwerk. Die Vögel vertrauen ihnen ihre Nester an. Die Bienen summen um sie herum. Liebespaare treffen sich unter ihren schützenden Dächern. Alte Menschen sitzen gerne in ihren Schatten und Kinder spielen um die Baumstämme herum.

Neben Vertrauen stehen Bäume für Kreativität und Wandlung. Sie sind Heiligtümer, und nichts ist vorbildlicher als ein schöner starker Baum! Hast du schon einmal einen Baum umarmt und seine Kraft gespürt, die er dir großzügig schenkt? Und wenn der Baum zu uns spricht, so sagt er: „Meine Kraft ist das Vertrauen."

Versuche es einmal mit dieser Übung:

Stelle dich mit beiden Füßen fest auf den Boden und stell dir vor, dass von deinen Füßen aus lange Wurzeln hinab in die Erde gehen, lange gesunde Wurzeln, die dich halten und stabilisieren.

Atme zehnmal tief ein und aus und beim zehnten Mal hebst du deine Arme seitlich hoch und über den Kopf, so, als wenn du eine Baumkrone halten würdest. Deine Arme, deine Beine, dein ganzer Körper schwingt nun vor und zurück, seitlich hin und her, so, als würde der Wind kräftig blasen. Du bist der Baum, fest verwurzelt, aber schwingend mit allen Stürmen des Lebens. Kein Sturm kann dir etwas anhaben!

Von der Trauer zum Trauertypus

Wenn ein Mensch den direkten Weg durch die Trauer hindurch meidet, kann das fatale Folgen haben. Eine nicht verarbeitete Trauer kann zu körperlichen oder seelischen Krankheiten führen. Eine akute Trauer äußert sich oft in Form von körperlichen Beschwerden wie Erschöpfung, Kraftlosigkeit, vegetativen Störungen, Schlaflosigkeit und insbesondere Magen-Darm-Störungen. Psychisch reagieren Trauernde oft abweisend, kühl und gereizt. Sie fühlen sich leer und energielos. Weinattacken wechseln sich ab mit Hyperaktivität. Viele bleiben in Verbitterung und Wut stecken und werden zu einem unausstehlichen Menschen, mit dem niemand mehr etwas zu tun haben möchte. Auch feindselige Reaktionen gehören zum Trauer-Chaos, dahinter verbergen sich meist Schuldgefühle.

Viele Trauernde versuchen, diese schmerzlichen Gefühle in Schach zu halten, indem sie diese durch Arbeitswut, Tabletten oder Alkohol unterdrücken. Dass dabei eine große Gefahr gesundheitlicher Schäden entsteht, wissen sie leider nicht.

Ohne durchlebte Trauer wirst du keine tiefe Lebensfreude empfinden! Deine Persönlichkeit kann sich gravierend verändern und persönliche und soziale Kontakte können zerbrechen. Um dich selbst besser kennenzulernen, schau dir bitte die nachfolgenden Trauertypen an. Dich in einem darin zu erkennen, gehört ebenfalls zur Trauerarbeit.

Der/die Explosive

Explosive Trauermenschen sind voller Wut und Aggression. Sie sind wie eine Bombe, die jederzeit explodieren kann, wie ein Vulkan, der unmittelbar vor dem Ausbruch steht. Explosive Trauermenschen sind die Bedrohlichen und Gefährlichen unter den Trauernden, denn unter ihrem Verhalten können Mitmenschen leiden und tätlich angegriffen werden. Kommt es zur Explosion, zum Ausbruch, werden sie im schlimmsten Fall zu Amokläufern.

Wenn du zu diesem explosiven Typus des Trauernden gehörst, dann sorge dafür, dass es nicht zu diesen Ausbrüchen kommt und sich die Wut in dir nicht gegen dich selbst richtet. Du brauchst unbedingt Druckentlastung. Du brauchst Ventile, um deine Wut abzubauen. Wut ist eine starke Energie, ein geistiges Gift, das wie Neid zerstörerisch wirkt. Versuche sie in Liebe umzuwandeln.

Hilfe findest du zum Beispiel in Form von sportlichen Aktivitäten, die du regelmäßig betreiben solltest. Suche dir auf alle Fälle professionelle Hilfe. (Adressen findest du im Anhang dieses Buches.)

Der/die Vereiste

Gefrorene Trauermenschen sind in der Verbitterung stecken geblieben. Sie wollen nicht mehr fühlen, sie haben ihren Gefühlen die Energie genommen, sie auf Eis gelegt und eingefroren. Ihr Herz ist zu einer Tiefkühltruhe geworden. Wenn du zu diesem gefrorenen Trauertypus gehörst, dann kannst du dir selbst helfen, indem du deine Hände auf den Bauch und die Herzgegend legst und in dein Herz hineinatmest. Dabei wünsche dir, dass du auftaust. Gegebenenfalls bitte dein Herz aufzutauen.

Unser Herz stellt seit Jahrtausenden das Symbol für Liebe, Mitgefühl und Spiritualität dar. Das Herz ist mehr als eine Pumpe. Geben wir unserem Herzen keine Gelegenheit, seine Bedürfnisse zu spüren, sie zur Sprache zu bringen, so kann daraus eine permanente Unzufriedenheit und Gereiztheit entstehen. Die wiederum nimmt unserem Körper wertvolle Energie zur Alltagsbewältigung.

Welche Musik spricht dich an? Welche Art von Kunst erreicht dich? Was könnte dein Herz öffnen?

Wenn du einem Menschen, der zum gefrorenen Trauertypus gehört, helfen willst, dann taue ihn geduldig und vertrauensvoll auf: Schenke ihm über Körperkontakt deine Liebe, Herzenswärme und Geborgenheit. Gehe mit ihm hinaus in die Natur und zeige ihm dort das Werden und Vergehen. Damit du das nötige Einfühlungsvermögen und die Liebe weitergeben kannst, musst du selbst bereits Herzensarbeit geleistet haben.

Der/die Ausgetrocknete

Der verdorrte Trauermensch hat keine Tränen mehr. Er oder sie ist ausgelaugt, wirkt mager und ausgezehrt. Ihre Seelenlandschaft erscheint wie eine trockene Wüste.

Als Kind weinten diese Menschen oft umsonst, ihre Tränen wurden häufig nicht wahrgenommen, es war sinnlos zu weinen. Als Erwachsene kommen sie nicht mehr an den inneren Brunnen ihrer Lebendigkeit heran oder der Brunnen ist ausgetrocknet. Sie glauben, nichts mehr zu fühlen.

Wenn du zu diesem Trauertypus gehörst, brauchst du Lebendigkeit. Wasser kann dir dabei helfen. Wenn du ein Thermalbad in der Nähe hast oder einen Urlaub verbringst, wo ein Wasserfall in der Nähe ist, dann gehe dort hin. Auch die Wasseranwendungen von Johann Sebastian Kneipp sind hier hilfreich.

Wenn du jemandem helfen willst, der zu den verdorrten Trauermenschen gehört, dann unterstütze ihn dabei, die Quelle, die den Brunnen speist, wieder freizuschaufeln. Ein langwieriger Prozess, der viel Geduld erfordert, bei dem es darum geht, auch die kleinsten Gefühlsäußerungen wahrzunehmen, sie wie Wassertropfen zu sammeln, um damit die Seele zu bewässern.

Der/die Versumpfte

Mühselige Trauertypen haben es auf emotionaler Ebene schwer. Sie wenden für ihr Leben viel Kraft auf, kommen trotzdem nur sehr schwer weiter. Als Kind durften diese Menschen nicht weinen, für sie galt das Motto: „Ein Indianer kennt keinen Schmerz." So lernten sie, nach innen zu weinen. Konsequenz: Der Boden ihrer inneren Seelenlandschaft wurde von den Tränen durchtränkt, wurde morastig. Dieser Morast behindert sie bei ihrem inneren Vorankommen.

Wenn du ein mühseliger Trauermensch bist, kannst du dir helfen, indem du dir das Weinen wirklich erlaubst. So können deine Tränen nach außen abfließen, der innere Sumpf wird trockengelegt.

Wenn du blockierten Trauermenschen helfen willst, reiche ihnen immer wieder geduldig und liebevoll die Hand, um sie auf ihrem Weg zu unterstützen. Dies gibt ihnen die Chance, die Trauer hinter sich zu lassen.

Der/die Versteinerte

Versteinerte Trauermenschen geben sich cool und überlegen. Sie sind am versteinerten Gesichtsausdruck zu erkennen. Ihre Herzen sind verhärtet und verschlossen. Sie haben Angst, dem Gefühl der Trauer nachzugeben. Aus diesem Grund haben sie eine mächtige Mauer um sich herum gebaut. Nur wenn sie zu jemandem viel Vertrauen haben, gewähren sie einen Blick über die Mauer hinweg auf den gestauten See der Tränen.

Wenn du versteinerten Trauermenschen helfen willst, solltest du berücksichtigen, dass ihre Trauermauer als Schutz dient. Du darfst sie keinesfalls gewaltsam einreißen. Hilf ihnen, gemeinsam Stein für Stein abzutragen.

Der/die Melancholische

Melancholische Trauermenschen findet man häufig in Künstlerkreisen. Zu ihnen gehören beispielsweise Hermann Hesse oder Vincent van Gogh. Man kann sie an hängenden Gesichtszügen und glanzlosen Augen erkennen. Sie sind durchtränkt von einer unfassbaren Trauer und sie verbreiten eine Atmosphäre, der man sich kaum entziehen kann. Ihre Trauer deprimiert sie selbst und auch ihre Mitmenschen. Als melancholischer Trauermensch kannst du durch Körperarbeit wieder mehr Lebendigkeit in dein Leben bringen. Suche unbedingt ärztliche Hilfe auf, wenn die Gefahr besteht, dass du als Ausweg aus der Trauer den Freitod wählen willst.

Wenn du melancholische Trauermenschen begleitest, hilf ihnen, ihr Chaos zu strukturieren und Erdung zu finden.

Der/die Überflutete

Bei überfluteten Trauermenschen prägt die Trauer das Leben, indem sie bei diesen zu emotionaler Überflutung führt. Diese Menschen haben *nahe am Wasser* gebaut, sie weinen rasch und sie weinen lange. Sie haben jahrelang eine Staumauer errichtet, die den Abfluss der Emotionen aufgehalten hat. Der Stausee ist randvoll. Ein unbedeutendes Ereignis genügt, um ihn zum Überlaufen zu bringen. Stürzt dann das Wasser zu Tal, sind sie der Flut der Emotionen hilflos ausgeliefert.

Wenn du zum Typus der überfluteten Trauermenschen gehörst, dann kannst du dir am besten helfen, wenn du lernst, die Schleusen deines Dammes kontrolliert und dosiert zu öffnen.

Konkret: Richte in deinem Leben zeitlich klar begrenzte Freiräume ein, in denen du dich mit dem Strom deiner Gefühle auseinandersetzt – und ihn bewusst so fließen lässt, dass er dich nicht überflutet! Dabei kann es nützlich sein, einen Zeitplan einzurichten und einzuhalten.

Was wir ausstrahlen in die Welt,
die Wellen, die von unserem Sein ausgehen,
das ist das, was von uns bleiben wird,
wenn unser Sein längst dahingegangen ist.

Viktor E. Frankl

KAPITEL 4

Hilfe zur Selbsthilfe

Weshalb überwinden manche Menschen die Trauer schneller und andere tun sich über einen langen Zeitraum schwer damit? Eine innere Stärke ist nicht einfach angeboren, die muss man sich oft erst hart erarbeiten. Natürlich sind die ersten Jahre der Erziehung prägend, wie wir uns im Erwachsenenleben verhalten. Wenn wir Vertrauen und Mut vermittelt bekommen, fällt es uns leichter, Konflikte auszutragen und anzugehen. Ich bin sehr ängstlich erzogen worden und musste mir erst im erwachsenen Alter einiges an Selbstbewusstsein hart erarbeiten. Das Schicksal hat mich herausgefordert und ich habe die Entscheidung getroffen, das Leben so anzunehmen, wie es kommt, und das Beste daraus zu machen.

Auch mit Vertrauen hatte ich große Schwierigkeiten. Mit wenig Selbstvertrauen ist es schwer, sich zu behaupten und an die eigenen Fähigkeiten zu glauben. Eine meiner wichtigsten Erfahrungen, die ich schmerzlich erlernen musste, ist die, zuerst bei mir zu schauen. Eine sogenannte Innenschau zu halten, das wollen die wenigsten Menschen. Es ist auch viel leichter, mit dem Finger auf andere zu zeigen, zu bewerten und zu verurteilen. Auf emotionalem Gebiet lässt sich einiges nacharbeiten, was in der Kindheit versäumt wurde. Ich habe

Jahre dafür gebraucht. Die Geduld dafür zu entwickeln hat mich die Meditation gelehrt.

Als ich meine inneren Ressourcen und Kraftquellen mithilfe meiner Lehrer entdeckte, war ich glücklich und zufrieden. Noch heute danke ich all meinen Lehrern von Herzen, die mich mit Liebe und Geduld begleitet haben. So habe ich gelernt, bei mir zu bleiben und zu schauen, was mir gut tut. Wobei empfinde ich Entspannung und Wohlergehen? Was macht mich glücklich, was zufrieden und was vermittelt mir innere Kraft und Stärke? Nach dieser Arbeit stellten sich Erfolgsmomente ein und die gaben mir Mut weiterzumachen. Und so ziehe ich bewusst Stärke aus all den Dingen, die mir guttun, und fördere sie.

Für manche mag sich das egoistisch anhören, ich nenne es gesundes Selbstinteresse. Ich glaube, jedes Leben gerät einmal ins Wanken, gut, wenn man seine inneren Kraftquellen kennt und anzapfen kann. Deshalb ist Prävention so wichtig für Krisen, die eventuell noch kommen könnten. Ich will gerüstet sein für die Herausforderungen des Lebens. Heute kann ich sagen, durch Eigenarbeit und mithilfe anderer haben wir die Chance, unsere Seele zu kräftigen und zu stärken. Die Fähigkeit, sich selbst zu geben, ist wichtig, um eine erwachsene Partnerschaft zu führen und nicht in einer totalen Abhängigkeit zu leben. Diese innere Stärke wird von den Psychologen als „Resilienz" bezeichnet. Resilienz zu fördern sollte als Schulfach angeboten werden. Sich zu einem selbstbewussten und kompetenten Menschen zu entwickeln, braucht Zeit, Liebe und Geduld für sich selbst. Um dieses Gefühl für sich selbst zu fördern und zu erfahren, ist die Baummeditation hervorragend geeignet.

Offen sein für Neues, eigene Erfahrungen machen, seine persönlichen Grenzen ausloten und sich weiterentwickeln, das macht für mich Sinn. Und der Sinn, den wir alle im Leben suchen, entspringt daraus.

Wenn wir einen lieben Menschen durch Trennung oder Tod verlieren, sind wir aufgefordert, neue Lebensziele zu suchen. Das heißt nicht, den oder die anderen zu vergessen, er oder sie wird immer Teil unseres

Lebens bleiben. So finden wir Trost in der Erinnerung. Was wären wir Menschen ohne Erinnerung? Eine Körperhülle mit immer wieder neuen Erfahrungen, aber ohne Sinn. Vergessen sollen und dürfen wir nicht. Gut, dass der Kopf ein Zimmer für Erinnerungen eingerichtet hat, dessen Tür immer und jederzeit offen ist. Ist man traurig, schaut man in die Schatztruhe der Seele und findet Glück in dem bereits miteinander Erlebten. Und auch die guten Gefühle, die damit verbunden sind, steigen wieder auf. Die Lebendigkeit und die Freude unserer Erinnerungen können über den Tod hinaus sehr hilfreich sein. Wir dürfen uns erinnern. Aber Leben müssen wir im Hier und Jetzt und nicht in der Vergangenheit. Erinnern ist zunächst eine Kopfsache, aus den Gedanken entstehen dann Gefühle. Der Verstorbene lebt weiter in unserer Erinnerung, in unserer Mitte, und vor allem in unserem Herzen, da ist der richtige Platz. In schweren Lebenskrisen haben wir oft etwas verloren, aber wir gewinnen auch dazu. Wenn es Liebe war, bleibt sie bestehen, ich behaupte sogar, sie wird tiefer.

Die Trauer nach außen tragen

Die Trauer muss nach außen getragen werden. Wenn sie in deinem Körper bleibt und unterdrückt wird, kommt sie eines Tages als unangenehme Begleiterscheinung in Form von Knoten und anderen Krankheiten zum Vorschein. Wenn das Leid zu groß ist, kann die Stimme versagen. Keine Worte können ausdrücken, wie du dich fühlst und was du fühlst. Die Worte fliegen dahin und davon, ungehört wie ein Windhauch.

Was hilft, ist sehr verschieden, so verschieden wie die Menschheit. Wichtig ist, dass du einen Ausdruck für deine Gefühle findest, das kann in Form von Malen, Schreiben, Singen, ein Instrument spielen oder Ausdruckstanz sein.

Meine Wünsche für dich

- Ich wünsche dir einen Menschen, der dich auch ohne Worte versteht. Miteinander schweigen kann oft so viel mehr sagen.
- Ich wünsche dir eine Hand, die wärmend die deine hält.
- Ich wünsche dir eine Schulter, an die du deinen schweren Kopf legen kannst.
- Ich wünsche dir einen Stern, der des Nachts für dich funkelt, wenn du dich allein und einsam fühlst.
- Ich wünsche dir, dass du an die Liebe glaubst, auch wenn du sie im Moment nicht spürst.
- Ich wünsche dir einen Regenbogen, der dir die Verbindung von Himmel und Erde zeigt und dir sagt, es ist gut, dass es dich gibt.
- Ich wünsche dir, dass du spürst, du bist nicht allein. Das ganze Universum ist in diesem Augenblick für dich da und hilft dir, dass du das Tal der Trauer durchschreitest und an dein Ziel kommst, um eines Tages wieder echte Lebensfreude zu empfinden.

Mein Seelenspruch für dich

Schreibe den nachfolgenden Satz auf einen Zettel und lege ihn gut sichtbar auf deinen Nachttisch oder ins Badezimmer, damit du ihn frühmorgens lesen kannst:

Ich beginne diesen Tag

mit der Kraft des Himmels
dem Licht der Sonne
dem Strahl des Mondes
dem Glanz des Feuers
der Eile des Blitzes
der Schnelligkeit des Windes
der Tiefe des Meeres
der Festigkeit der Erde
der Standhaftigkeit des Felsens.

Verzeihen und Vergeben

Vergebung ist der Weg zur inneren Heilung und zum inneren Frieden und dient dem eigenen Wohl. Indem wir Wut und Ärger erlauben, sich bei uns einzurichten, zehren sie an unserer Lebenskraft. Groll nagt an uns und verbittert.

Vergib zuerst dir selbst. Egal, was du dir oder anderen vorzuwerfen hast. Vielleicht spürst du noch keine innere Bereitschaft dazu, dann versuche es immer und immer wieder. Du musst es wollen – dann kannst du es. Versuche zu vergeben jenseits von Gerechtigkeit. Den Weg der Vergebung zu gehen ist so befreiend von aller Last und Schuld, dass du diesen wichtigen Schritt bei deiner Trauerverarbeitung unbedingt mit einbeziehen musst. Denn Vergebung heilt deine inneren Verletzungen und befreit dich aus dem Käfig von Wut und Frustration. Vergebung ist das beste Rezept gegen seelische Schmerzen. Es liegt jetzt an dir, diese heilsame Entscheidung zu treffen. Etwas verzeihen geschieht im Kopf – Vergebung kommt aus dem Herzen.

Übung

Ich empfehle dir eine Übung, die dir bei deinem Verzeihungsprozess helfen wird. Du wirst befreit werden von Wut, Groll, Verbitterung und Beschuldigungen. Dazu brauchst du einen großen Zettel oder einen DIN-A4-Schreibblock und einen Bleistift. Nun beginne zu schreiben:

Ich (dein Name) vergebe mir alles.
Schreibe diesen Satz 77-mal täglich sieben Tage lang.

Nach den sieben Tagen schreibe einen neuen Satz. Jetzt vergib den Menschen, die dich in der Vergangenheit tief verletzt haben.
Ich vergebe (Namen) alles.
Schreibe auch diesen Satz sieben Tage lang täglich 77-mal auf.

Wenn du das aus vollem Herzen tust, hat die Vergangenheit keine Macht mehr über dich und Vergebung schenkt dir inneren Frieden.

Loslassen

Was heißt loslassen? Loslassen ist eine lebenslange Aufgabe. Immer wieder werden wir in unserem Leben dazu herausgefordert, kleine Dinge loszulassen, große Dinge loszulassen, Freunde loszulassen, die Jugend loszulassen, geliebte Menschen loszulassen. So kann man sagen: Das ganze Leben ist eine Übung des Loslassens bis hin zum Tod, wo wir das Leben loslassen müssen. Loslassen heißt nicht vergessen. Es beginnt damit, dass sich Dinge verändern. Wir müssen Veränderungen annehmen und dürfen uns nicht an die Vergangenheit klammern. Die Vergangenheit ist vorbei, nichts können wir für immer festhalten, mache dir das bewusst. Oder, anders ausgedrückt: Begreife die Fruchtlosigkeit des Festhaltens und du versteht das Leben.

Was wir mit Gewalt halten wollen, woran wir uns klammern, das wird uns oft entrissen. Nichts können wir halten. Loslassen ist eine Erkenntnis und muss geübt werden. Bei den Toten kannst du auf Dauer nicht leben. Denn wenn du dich an die Vergangenheit klammerst, stirbt mit der Zeit etwas in dir selbst.

Übung

Die nachfolgende Übung solltest du erst nach einigen Monaten durchführen, je nachdem, wie weit deine Trauerverarbeitung vorangeschritten ist. Sage dir Folgendes:

- Ich lasse dich los.
- In meinem Herzen hast du für immer deinen Platz gefunden.
- Ich lasse dich los, weil ich dir Ruhe und Frieden wünsche und gönne.
- Ich (Name) lasse dich (Name) los.

Sage dir diesen Satz morgens und abends. Schreibe ihn auf und hefte ihn dort hin, wo du ihn täglich lesen kannst.

Hierfür muss die Bereitschaft da sein, den Verlust anzunehmen. Wenn du noch nicht loslassen kannst, schreibe diesen Satz trotzdem auf und sprich ihn aus. Täglich.

Das Festhalten bindet Energie und Kräfte, die wir fürs Leben brauchen. Das Loslassen von dem geliebten Menschen löscht weder die Liebe noch die Erinnerung aus. In der Akzeptanz liegt die Bereitschaft, das Unwiederbringliche anzunehmen. Nimm dich an, nimm das Leben an, nimm den Tod an, denn er gehört zum Leben.

Bewegung

Aktiviere täglich deinen Körper durch einen Spaziergang an der frischen Luft.

Beginne den Morgen mit zehn Minuten Atemgymnastik, dabei recke und strecke dich, laufe einige Minuten auf der Stelle und tritt dabei mit der ganzen Fußsohle fest auf. Lege Trommelmusik auf, dann fällt es dir leichter.

Gehe regelmäßig zur Gymnastik oder zum Schwimmen. Betreibe Sport, auch wenn du keine Lust dazu hast, dich müde oder schlapp fühlst. Überwinde dich. Setze deinen Körper in Bewegung. Dein Wollen ist der erste Schritt, aus deiner Lethargie auszusteigen. Wenn du willst, schaffst du alles!

Bewegst du deinen Körper, bewegst du auch immer ein Gefühl. Damit hältst du dich körperlich, geistig und seelisch lebendig. Die positiven Auswirkungen körperlicher Fitness, welche in wissenschaftlichen Untersuchungen immer wieder bestätigt werden, reichen von einem gesünderen Herzen bis zu geringerer Stressanfälligkeit.

Zum Stressabbau sollte dein Körper dreimal wöchentlich richtig ins Schwitzen kommen. Durch ein sportliches Training steigerst du deine Vitalität und es werden die sogenannten Glückshormone freigesetzt. So verschaffst du dir selbst Wohlbefinden.

Lass einmal pro Woche deinen ganzen Körper massieren. Körper und Seele brauchen Berührung und das geschieht über Körperkontakt. Massage ist eine nonverbale Sprache, hilft beim Entspannen und zeigt dir, wo deine Blockaden im Körper sind. Überwinde deine Antriebslosigkeit, sage dir täglich: „Ich schaffe das!" Hänge dir einen Zettel mit diesem Satz an den Spiegel.

Mache keine großen Langzeitprogramme, versuche von einem Tag zum nächsten zu leben. Nimm dir immer nur kleine Schritte vor, dann klappt es besser. Du schaffst es!

Es wird Tage der Lustlosigkeit und Entmutigung geben, sei trotzdem verständnisvoll zu dir selbst und gehe liebevoll mit dir um. Nimm dir das, was du heute nicht schaffen konntest, für morgen vor.

Zeit für dich

Nimm dir Zeit für dich, das solltest du dir wert sein. Regelmäßige Entspannung und Bewegung an der frischen Luft gehören genauso dazu wie eine gesunde Ernährung.

Achte auf deine Atmung. Sie reguliert und belebt all deine Körperfunktionen. Der Atem ist das schwingende Band zwischen Körper, Geist und Seele. Tägliche Atemgymnastik sollte zu deinem persönlichen Programm gehören. Atme neue Lebensenergie und Ruhe ein. Beim Ausatmen lasse alle Anspannungen und die Trauer, die du in dir trägst, los.

Mentale Übung

Streiche mit beiden Händen deine rechte und linke Körperseite aus, an den Füßen beginnend nach oben, bis über den Kopf hinaus und wieder herunter.

Tue dir selbst etwas Gutes, das kann ein wohlduftendes Bad sein, Musik hören, ein gutes Gespräch mit Freunden oder gemeinsames Kochen.

Tanze mit anderen oder für dich allein.

Rege alle deine Sinne an. Die Liebe lebt von liebenswerten Kleinigkeiten, mache dir selbst ein Geschenk.

Liebe ist die stärkste Kraft des Universums. Mache dir deutlich, dass jeder Mensch einzigartig ist, und beginne bei dir selbst.

Sage dir täglich: „Ich bin ein wunderbarer Mensch und habe es verdient, geliebt zu werden. Ich akzeptiere mich und nehme mich so an, wie ich bin."

Die drei Ebenen der Trauer

Es gibt drei Ebenen, die beim Trauern genährt werden müssen: die emotionale, die körperliche und die geistige.

Die emotionale Ebene: Menschen in deinem Umfeld

Es tut gut und ist geradezu notwendig, ein soziales Netz zu haben, das auffängt und in dem man sich geliebt und verstanden fühlt. Das können die eigene Familie, der Freundeskreis, Bekannte, Nachbarn oder auch eine Trauergruppe sein. Wir brauchen Menschen, die uns verstehen, uns ihre Zeit schenken, uns auch einmal in den Arm nehmen und vor unseren Tränen nicht davonlaufen. Es geht nicht um Mit-Leid, es geht um das Mit-Tragen. Solche Menschen finden sich oft in Selbsthilfegruppen, die immer unter fachlicher Leitung stehen sollten. (Weitere Informationen hierzu im Anhang.)

Die körperliche Ebene: Ernährung

Gib deinem Körper etwas Gutes, damit deine Seele Lust hat, darin zu wohnen. Ernährung ist ein Energiespender, mache dir das bewusst. Oft haben wir in diesen schweren Lebenskrisen keinen Appetit, uns ist buchstäblich der Appetit (aufs Leben) ohne unseren geliebten Menschen vergangen. Wir brauchen aber Kraft und Energie, um diese

Lebensphase zu durchleben. Ein gesunder Speiseplan muss sein! Die wichtigsten Grundregeln einer richtigen Ernährung sind ganz einfach und leicht umzusetzen: Nicht zu viel, nicht zu fett, vitamin- und ballaststoffreich, so frisch wie möglich, ausgewogen statt einseitig. Das heißt: jeden Tag frisches Obst und Gemüse, drei bis vier Liter Flüssigkeit in Form von Wasser, selbst gepressten Frucht- oder Gemüsesaft, Kräutertees, in geringen Mengen Kaffee, abends ein Glas Bier oder Wein. Lebensmittel sind „Mittel zum Leben". Flüssigkeit schwemmt Schlack- und Giftstoffe aus dem Körper heraus. Gerade ein trauriger Mensch muss viel trinken, damit auch die Trauer über den Körper ausgeschieden und ausgeschwemmt wird.

Trauer ist Stress auf höchster Ebene und setzt sich als Schlackstoffe in deinen Muskeln, Gliedern und Gefäßen ab. Es ist wichtig, Körper, Geist und Seele zu heilen, und das geschieht zunächst über das Ausschwemmen. Reinige dich innerlich und äußerlich durch Wasser. Trinke, trinke, trinke Wasser! Verehre das Wasser und sei dankbar der Natur gegenüber, dass es dir zur Verfügung steht. Nimm es an.

Mache ein tägliches Ritual daraus und verbeuge dich vor dem Wasser, bevor du es trinkst. Viele Menschen auf der Welt dürsten nach Wasser zum Überleben. Du hast so viel, wie du brauchst, als Heilquelle zur Verfügung. Schätze das.

Tipp nach dem Aufstehen

Trinke morgens nach dem Aufstehen zwei Gläser Wasser. Dann nimm einen Teelöffel Sesamöl in den Mund und kaue es fünf Minuten durch. Es holt nicht nur die Giftstoffe aus Körper und Seele, es reinigt die Mundhöhle und macht die Zähne weißer.

Nach fünf Minuten das Öl ausspucken und mit Wasser den Mund nachspülen. In der Zeit kannst du deinen Körper mit Sesamöl einreiben und nach fünf bis zehn Minuten Einwirkzeit abduschen. Diese Entschlackungskur – über einige Wochen durchgeführt – hilft dir, dich innerlich und äußerlich zu reinigen und loszulassen.

Tipp zum Frühstück

Nimm dir morgens vor dem Frühstück mindestens zehn Minuten Zeit für Körperübungen. Besonders gut eignen sich Yogaübungen. Vielleicht stellst du fest, wie schwer es ist, sich zu bewegen. Schau dir deine innere Schwere und Lustlosigkeit an oder, besser gesagt, nimm sie einfach nur wahr – das reicht schon.

Angebot zum Frühstück

Ein Glas selbstgepressten Fruchtsaft, Biomüsli mit 20 g Walnüssen und vier Mandeln, dazu ein Apfel und ein Glas Sojamilch geben Kraft für den Tag.

Eine Scheibe Vollkornbrot mit Honig, eine duftende Tasse Kaffee sowie ab und zu ein Ei geben die nötige Energie, die du brauchst.

Als Zwischenmahlzeit empfehle ich eine Banane oder ein Bio-Joghurt natur.

Jetzt sagst du vielleicht: „Ich habe keinen Appetit, ich will nicht essen, ich kann nicht essen."

Weißt du, was das heißt?

Ich verweigere mich dem Leben! Ich bin trotzig und zornig, weil mir das Liebste genommen wurde.

Du bist demnach noch nicht bereit, dein Schicksal anzunehmen, gehe zurück in diesem Buch auf die Seiten der „Trauerphasen" und schau dir an, wo du eventuell stecken geblieben bist.

Versuche trotzdem, dich gesund zu ernähren!

Wasser

Wasser ist eines unserer größten Heilmittel und wir sollten ihm mehr Wertschätzung entgegenbringen. Ohne Wasser kein Leben, keine Lebendigkeit. Wasser sagt uns: weich sein, nachgeben können, geschehen lassen, fließend sein. Die Kraft des Wassers ist in unserem Organismus präsent. Es ist ein fließender Baustein und nimmt überall in unserem Körper Abfallprodukte auf, verhindert Stagnation und ermöglicht Beweglichkeit. Es gibt keinen Lebensprozess, der ohne Wasser auskommt. Wasser reinigt innerlich und äußerlich.

Dein morgendliches Duschritual sollte wie folgt aussehen:

1. Schritt: Mit warmer Dusche Bauchkreisen nach rechts und deutlich sprechen: „Alle harmoniestörenden Gedanken und Gefühle fließen mit dem Wasser von mir ab und lösen sich darin auf."

2. Schritt: Mit warmer Dusche Bauchkreisen nach rechts und deutlich sprechen: „Alles Krankhafte an Körper, Geist und Seele fließt mit diesem Wasser von mir ab und löst sich darin auf."

3. Schritt: Mit warmer Dusche Bauchkreisen nach rechts und deutlich sprechen: „Ich bade mich mit Gesundheit, Kraft, Willen, Selbstvertrauen, Liebe und Veränderung."

4. Schritt: Mit warmer Dusche Bauchkreisen nach links und deutlich sprechen:
Ich bin die Gesundheit.
Ich bin die Kraft.
Ich bin der Wille.
Ich bin das Selbstvertrauen.
Ich bin die Liebe.
Ich bin die Veränderung.
Eine tiefe Atmung unterstützt diese positive Vorstellung.

Atmen

Eine der größten Gefahren für den modernen Menschen ist das Bemühen, unerwünschte Gefühle zu vermeiden. Der Panzer, der sich im Laufe der Jahre um Herz und Brustkorb gelegt hat, schirmt von tiefer Freude und Glücksgefühlen ab. Dieser Panzer hindert zu empfinden und zu leben.

Ich habe viele Menschen erlebt, die nur ganz oberflächlich atmen, sodass sie gerade überleben oder gar den Atem anhalten. Unsere psychische Verfassung hat eine starke Wirkung auf die Atmung. Das Zwerchfell ist ein Seismograf unserer Gefühle. Starke Emotionen wie Erregung, Wut, Angst und Trauer führen zu einer Anspannung des Zwerchfells, verringern dessen Schwingungsfähigkeit und das wirkt sich dann auf den ganzen Körper aus.

Eine Veränderung der Atemqualität sieht so aus: Die Atmung gerät ins Stocken, verliert an Tiefe und es kommt zur Brustatmung oder Atembeschleunigung anstelle einer gesunden Vollatmung. Eine angehaltene Atmung ist eine Kompression und führt geradewegs in die Depression. So verhält sich ein Mensch, der etwas durchstehen will, nach dem Motto: Augen zu und durch. Unsere Umgangssprache verdeutlicht diese Zusammenhänge in den Sätzen: „Es stockt mir der Atem", „Er keuchte vor Angst" oder „Vor Schreck verschlägt es mir den Atem". Oft führen Schock, Schreck, Schuldgefühle und das Gefühl der eigens empfundenen Wertlosigkeit oder gar Resignation dazu.

Aus meiner eigenen Erfahrung kann ich nur sagen, dass das einen gefährlichen Weg, einen sehr gefährlichen Weg darstellt! Denn wer nicht hinschauen, nicht leben und somit nicht atmen will, obwohl er kann, macht sich blind und wird für den Rest seines Lebens leiden. Lerne dich zu öffnen, sonst ist das Ergebnis Depression und Qual!

Ein Trauernder fühlt sich oft erschöpft und ausgelaugt, spürt seine eigene Handlungsunfähigkeit und kann nur noch ertragen. Das ist schlimm, mehr als schlimm. Dieser Mensch braucht Hilfe, weil er sich selbst kein Wohlgefühl mehr schaffen kann, er ist gefangen in der Trauer. Jede energetische Bewegung würde helfen, sich besser zu fühlen. Was helfen könnte, wird aber als bedrohlich empfunden und abgelehnt.

Respektiere alle Gefühle, sie wollen gehört, gesehen und angenommen sein, sie gehören zu dir und zum Menschsein, aber bleibe nicht im Selbstmitleid hängen. Gib dich der Atmung, gib dich dem Leben hin, erst dann lebst du wirklich! Durch bewusstes Atmen kannst du wieder einen Zugang zu deinen verschütteten Gefühlen finden. Unter Anleitung eines guten Atemtherapeuten (einer Atemtherapeutin) wirst du selbst Angstgefühle auflösen können. Atmen zu lernen heißt, leben zu lernen.

Der Atem steht für die Fähigkeit, Leben aufzunehmen und sich lebendig zu fühlen. Der Atem ist das schwingende Band zwischen Körper, Seele und Geist. Atemübungen regulieren und beleben alle Körperfunktionen. So sprechen sie zum Beispiel das innere und äußere Raumgefühl an, die Beweglichkeit, Bewegungslust und Ausdrucksfähigkeit. Richtiges Atmen erweitert und stärkt das Selbstbewusstsein. Mit dem richtigen Atmen wächst die Lebendigkeit, und Verkrampfungen entspannen sich.

Durch die richtige Atmung lernst du, dich zu öffnen und deinen inneren Heilungsprozess einzuleiten.
Atem ist Leben.
Atem ist Bewegung.
Atem ist Ausdruck.
Atem ist Energie.
Atem ist sinnlich.
Atem weckt Kreativität.
Atmen verbindet dich in deiner Tiefe mit dir. Durch bewusstes Ausatmen lässt sich viel innere Anspannung abbauen, das Lebensgefühl

wird gesteigert, körperliche und seelische Kraft wird freigesetzt. Du brauchst nur auf deine Aus-Atmung zu achten, diese sollte so lange wie möglich sein.

Sage dir öfters am Tag, oder wenn du in der Nacht wach liegst: „Ich atme ruhig und entspannt. Jeder Atemzug gibt mir neue Energie."

In Volkshochschulen und Therapiezentren werden Atemkurse angeboten. Anzeigen gibt es in Tageszeitungen und auf den Gelben Seiten. Gönne deiner Seele eine Atempause. Suche dir eine Atemgruppe. Zu Beginn ist es empfehlenswert, unter professioneller Anleitung diesen Schritt zu machen.

Kleine Atemübung für zwischendurch (die 20-Sekunden-Technik)

1. Immer, wenn es hektisch wird oder du dich nicht gut fühlst, tief und lange ausatmen, die Schultern fallen lassen. Das entspannt Körper und Geist.

    Setze dich bequem auf einen Stuhl, beide Füße sollten den Boden berühren, rekele und strecke dich, gähne.

    Atme tief in den Bauch hinein. Wiederhole diesen Rhythmus ein paar Mal.
2. Summe eine monotone Silbe:

    „Om" oder „Uman"

    Dieser Singsang bringt das Gehirn in einen tiefen Entspannungszustand.

    Jetzt atme einmal ganz tief durch und noch einmal und noch einmal.

Die mentale Ebene: Schreiben, grübeln, lesen ...

Verurteile dich nicht, wenn du dich träge und lustlos fühlst. Nimm nur wahr, und wenn du willst, schreibe es auf. Das Aufschreiben wird dir helfen, um später einmal nachzulesen, wie du dich gefühlt hast, als es dir schlecht ging, und es wird dir zeigen, welchen Weg du gegangen bist.

Lasse deinen Kopf hängen! Du hast ein Recht darauf. Aber richte ihn auch wieder auf, das ist deine Pflicht, dir selbst und dem Leben gegenüber. Selbstmitleid mag eine Zeit lang dein Begleiter sein. Erkenne es, schaue es dir an und dann entscheide, ob es für den Rest deines Lebens dein Begleiter sein soll. Im Selbstmitleid versinken bringt keinen weiter, vor allem nicht dich selbst. Und das Schlimmste daran ist, du verpasst dadurch die Chance deiner persönlichen Weiterentwicklung. Denn sei dir bewusst, in jeder Krise steckt eine Chance.

Atme jetzt tief aus mit den Lauten „ha, ha, ha, ha, ha ...“
Es hat einen befreienden Effekt.

Gefühle

Gefühle, die mit Trauer zu tun haben, sind vielen Menschen suspekt. Sie wollen sie nicht zeigen, schämen sich ihrer. Am besten werden sie weggepanzert. Dabei gehören auch diese Gefühle zum Menschsein wie Freude und Lachen. Wir wurden ausgestattet mit Tränen, Wut und Trauer, um mit den Schicksalsschlägen des Lebens fertigzuwerden. Sage dir und anderen: „Ich stehe zu meinen Gefühlen, auch zu meinen Trauer-Gefühlen.“

Dieser Satz ist ein wichtiger Meilenstein auf dem Weg durch die Trauertiefen. Hefte einen Zettel mit diesem Leitsatz an den Spiegel, damit du ihn täglich liest. Gib deinen Trauergefühlen Ausdruck und gib ihnen einen Platz in deinem Herzen, denn sie gehören zu dir.

Übung

Lege deine rechte Hand auf die Mitte deines Herzzentrums und die linke Hand zwei Zentimeter unterhalb des Bauchnabels auf dein Hara, den ruhenden Pol. Und dann bitte dein Herz um Wandlung. Dein Herz kann das! Vertraue auf die Kraft deines Herzens.

Lausche in dich hinein, und wenn du Gefühle wahrnimmst, dann sprich sie laut aus.

Alle Gefühle wollen gesehen, gefühlt, respektiert und ausgesprochen werden, gib ihnen einen Platz in dir, denn sie gehören zu dir. Und wenn du schreien willst, dann schreie!

Eines Tages wird es nicht mehr nötig sein zu schreien, aber jetzt ist es gut so, und es soll dir niemand verwehren.

Ja, ich weiß, all das, was ich dir hier anbiete, ist schwer umzusetzen in einer Zeit, wo du am Boden zerstört bist, deine Kraft nicht fühlst und orientierungslos bist – und doch ist es möglich. Es ist die Hilfe zur Selbsthilfe!

Lesen

Die Gefahr bei der nicht durchlebten Trauer ist, dass sich der Trauernde überhaupt nicht mehr spürt – besonders bei Männern ist dies oft der Fall. Wie oft habe ich in meinen Seminaren gehört: „Ich fühle nichts mehr, gar nichts mehr." Die Gefühle sind abgestellt worden, um den Schmerz nicht zu spüren. Versuche zu lesen, um dich zu öffnen, Bücher helfen in der Not, streicheln die Seele, geben Rat. Du hast *dieses* Buch gefunden. Du wirst andere Bücher finden – oder sie dich.

Freude am Leben ist keine Sache des Alters,
der Herkunft oder der Bildung.
Sie ist auch nicht abhängig von äußerem Erfolg oder Wohlstand.
Lebensfreude sitzt tiefer, sie ist eine Sache des Herzens.

RAINER HAAK

KAPITEL 5

Hilfe für andere –
Wenn du einem Trauernden begegnest

Verwandte, Freunde oder Bekannte erwarten oft von den Hinterbliebenen, den schmerzlichen Verlust möglichst schnell hinter sich zu lassen und wieder so fröhlich und unbeschwert zu sein wie zuvor. Doch diesen Wunsch kann ein Trauernder seinen Mitmenschen nicht erfüllen. Warum? Weil er dazu gar nicht fähig ist. Das Unverständnis, das ihm deshalb möglicherweise entgegenschlägt, verstärkt seinen seelischen Schmerz zusätzlich.

Ein Mensch in Trauer ist wie eine offene Wunde. Er ist oft schnell verärgert, wütend und doch kraftlos, zieht sich aus Enttäuschung zurück. Viele Trauernde nehmen nicht mehr am Leben teil und vereinsamen. Es fällt ihnen schwer, auf Menschen zuzugehen und sie um Hilfe zu bitten, die sie so dringend bräuchten. Das Unverständnis der Nicht-Trauernden für ihre Situation enttäuscht sie oft noch zusätzlich. Die Trauer annehmen und sie zu durchleben ist eine große Herausforderung und macht Angst.

Zum besseren Verständnis für trauernde Menschen empfehle ich Helfenden, die vorhergehenden Kapitel unbedingt zu lesen. Denn einem Bekannten oder Freund zu begegnen, der in Trauer ist, erweckt bei vielen Mitmenschen ein unangenehmes Gefühl. Fragen und Unsicherheiten tauchen auf:

Wie soll ich mich verhalten?

Was soll ich tun?

Was soll ich sagen?

Manche gehen auf die andere Straßenseite und sagen lieber gar nichts. Genau das tut einem Trauernden besonders weh. Seine Botschaft an dich: „Nehmt mich in meiner Trauer an."

Ich möchte hier einen Text von Erika Bodner wiedergeben, der meiner Meinung nach die Gefühlswelt eines Trauernden gut erfasst:

Geht behutsam mit uns um, denn wir sind schutzlos. Die Wunde in uns ist noch offen und weiteren Verletzungen preisgegeben. Wir haben so wenig Kraft, um Widerstand zu leisten. Gestattet uns, unseren Weg, der lang sein kann, zu gehen. Drängt uns nicht, so zu sein wie früher, wir können es nicht.

Denkt daran, dass wir in Wandlung begriffen sind. Lasst euch sagen, dass wir uns selbst fremd sind. Habt Geduld.

Wir wissen, dass wir Bitteres in eure Zufriedenheit streuen, dass euer Lachen ersterben kann, wenn ihr unser Erschrecken seht, dass wir euch mit Leid konfrontieren, das ihr vermeiden möchtet.

Ihr haltet uns entgegen: Auch wir haben Kummer!

Doch wenn wir euch fragen, ob ihr unser Schicksal tragen möchtet, erschreckt ihr. Aber verzeiht: Unser Leid ist so übermächtig, dass wir oft vergessen, dass es viele Arten von Schmerz gibt.

Ihr wisst vielleicht nicht, wie schwer wir unsere Gedanken sammeln können. Unsere Lieben begleiten uns. Vieles, was wir hören, müssen wir auf sie beziehen. Wir hören euch zu, aber unsere Gedanken schweifen ab.

Nehmt es an, wenn wir von unserer Trauer zu sprechen beginnen. Wir tun nur das, was in uns drängt. Wenn wir eure Abwehr sehen, fühlen wir uns unverstanden und einsam.

Teilt mit uns den Glauben an unsere Verstorbenen. Noch mehr als früher sind sie ein Teil von uns. Wenn ihr unsere Lieben verletzt, verletzt ihr uns. Mag sein, dass wir sie vollendeter machen, als sie es waren, aber Fehler zu gestehen, fällt uns noch schwer. Zerstört nicht unser Bild. Glaubt uns, wir brauchen es so.

Versucht euch in uns einzufühlen. Glaubt daran, dass unsere Belastbarkeit wächst. Glaubt daran, dass wir eines Tages mit neuem Selbstverständnis leben werden. Euer Zutrauen stärkt uns auf diesem Weg. Wenn wir es geschafft haben, unser Schicksal anzunehmen, werden wir euch freier begegnen. Jetzt aber zwingt uns nicht mit Wort und Blick, unser Unglück zu leugnen. Wir brauchen eure Annahme. Vergesst nicht: Wir müssen so vieles von Neuem lernen. Unsere Trauer hat unser Sehen und Fühlen verändert. Bleibt an unserer Seite. Lernt von uns für euer eigenes Leben.

Wenn du einem trauernden Menschen begegnest:

- Bleib bei ihm, laufe nicht davon.
- Sei offen, sei ehrlich, sei bereit und einfühlsam.
- Wenn dir die Worte fehlen, sprich das ruhig aus.
- Schenke trauernden Menschen Geduld und Zeit.
- Geh behutsam und liebevoll mit ihnen um.
- Manchmal ist ein gemeinsames Schweigen besser als wohlgemeinte Ratschläge (sie werden oft als Schläge, denn als guter Rat empfunden).
- Verwehre ihnen nicht die Zeit der Trauer, die für sie gekommen ist.
- Schenk ihnen Anteilnahme, Gesten, die von Herzen kommen – und Hoffnung, dass es in der Zukunft wieder besser gehen wird.
- Respektiere ihren Wunsch, wenn sie alleine sein wollen. Melde dich aber von Zeit zu Zeit bei ihnen.
- Vermeide die Frage: „Wie geht es dir?"

Öffne dein Herz!

Du kannst natürlich Kurse besuchen und lernen, wie du Trauernden begegnen solltest, aber wenn dein Herz nicht offen ist, nützt dir alle Theorie nichts. Trauergespräche zu führen ist eine Begegnung von Herz zu Herz, deshalb solltest du zuerst bei dir selbst beginnen.

Bearbeite deine eigene Trauer. Sei bereit, bei dir selbst zu beginnen, schau hin, wo du noch *Leichen im Keller* hast. Dann gehe den Weg der Vergebung. Du findest Übungen dazu in diesem Buch.

Erst wenn du den Reinigungsprozess durchlaufen hast, wird dein Herz bereit sein, sich zu öffnen, und du wirst tiefes Mitgefühl empfinden und nicht mehr Mitleid.

Ein geöffnetes Herz hat Liebe und Mitgefühl für alle Lebewesen, für Menschen, Tiere, Pflanzen. Dann siehst du die Welt nicht mehr als Müllplatz und verunreinigst auch nichts mehr. Achtsamkeit hat sich in dir ausgebreitet, Respekt und Wertschätzung für das Leben. Dann wirst du die Schönheit in jedem kleinen Käfer und auch in einer vermeintlich hässlichen Spinne entdecken. Wenn du diese natürliche Schönheit erkennst, die dir in jedem Grashalm entgegenstrahlt, und sie durch deine Augen in dich aufnimmst, strahlst du sie durch deine Augen wieder aus. Trauernde brauchen Licht. Du verbreitest dann dieses Licht und ziehst einen Trauernden durch Mitleid nicht noch mehr herunter. Mitleid wirkt verstärkend in der Trauer. Mitgefühl hilft heilen. Du hast keine Angst mehr vor Gefühlen, weder vor deinen eigenen noch vor denen der anderen, denn du weißt, sie gehören zum Leben.

Meine Affirmation, die mich seit über zehn Jahren begleitet, lautet: *Mit Liebe im Herzen beginne ich den heutigen Tag.*

Wie lautet dein Lebensspruch?

Du siehst, es gibt viel zu erarbeiten, wenn du anderen helfen willst. Beginne zunächst bei dir selbst.

Mitgefühl tut gut

Einem Menschen zu begegnen, der Mitgefühl und Verständnis hat, ist für den Trauernden eine Wohltat. Wohlgemerkt: Mitgefühl, nicht Mitleid. Mitleid verstärkt das Leid und wird von den Betroffenen eher als peinlich, denn als wohltuend empfunden. Mitleid lässt den anderen sich schwächer und hilfloser fühlen. Mitgefühl dagegen fühlt mit einem trauernden Menschen, versteht ihn und trägt. Mitgefühl bringt zum Ausdruck: Ich fühle mit dir und kann deinen Schmerz verstehen. Du kannst so sein, wie du jetzt bist. Ich habe die innere Kraft, die Geduld und Liebe, bei dir zu bleiben, und bin bereit, dein Leid ein Stück weit mitzutragen.

Mitgefühl entspringt einem liebenden, offenen Herzen. Einem Herzen, das den Schmerz und auch die tiefe Lebensfreude kennt.

Unser Herz ist weise. Wenn du auf dein Herz hörst, gehst du immer den richtigen Weg, den direkten Weg ohne Umwege. Schau dir an, welches Potenzial dir zur Verfügung steht. Gib dir als Erstes selbst dieses Mitgefühl. Sei verständnisvoll und liebevoll mit dir. Bevor du anderen hilfst, beginne bei dir selbst. In der Trauerbegleitung reicht das theoretische Wissen allein nicht aus. Wir sollen nicht mitleiden, aber wir dürfen mitfühlen, was der andere durchmacht, und ihm helfend zur Seite stehen.

Wir, in dieser pragmatisch geprägten Welt, drängen oft mit all unseren Fasern des Daseins darauf, den gesunden Zustand eines Menschen wieder herbeizuwünschen. In erster Linie für ihn, aber auch für uns. Ihn leiden zu sehen ist schlimm und erfordert viel Kraft – und oft eine totale Umstellung unseres gewohnten Lebensrhythmus. Es gehört viel Reife und spirituelle Erkenntnis dazu, eine Krankheit nicht durch Mitleid zu verstärken.

Deine menschlichen Qualitäten sind gefragt

Deine menschlichen und emotionalen Qualitäten sind gefragt. Um diese Qualitäten zu erreichen, reicht leider der gute Wille allein nicht aus. Wenn du anderen in ihrem tiefsten Schmerz wirklich helfen willst, dann musst du dir – und ich sage bewusst *musst* – das Thema Tod angeschaut haben. Nur dieses zeigt dir das Leben, das, was Leben bedeutet und was es zu leben gilt. Es führt kein Weg am Tod vorbei, so entsetzlich er uns auch erscheinen mag. Der Tod gehört zum Leben, wir werden geboren, um eines Tages zu sterben, wir dürfen den Tod nicht ausgrenzen.

Lass dich also nicht durch weltliche Sorgen und Probleme oder den Zustand deiner Mitmenschen niederdrücken. Denn wenn du dich niederdrücken lässt, kannst du nicht helfen, dann bist du Teil des Chaos und des Schmerzes deiner Mitmenschen. Mitgefühl ist ein wirkliches Dabeisein.

Trösten

Worte. Was sollen all die Worte, zusammengeflickt und zusammengestottert? Nichts können sie geben, nichts können sie sagen. Was sollen all die Worte? Was schenken all die Worte?
Was schenken all die Worte aus dem Herzen genommen und gebunden? So viel können sie geben, so viel können sie sagen. Wie helfen all die Worte!

MARIANNE NAGEL-EXNER

Ja, die Worte. Das Trösten ist eine Kunst des Herzens. Trösten und lügen liegen ganz nah beieinander. Gut gemeinte Lügen helfen nicht weiter. Zu viel reden umgeht oft die Wahrheit und mit einem Vertröstungsprogramm dienst du niemandem. Im Gegenteil. Der Trauernde fühlt sich noch einsamer und zieht sich zurück. Die schlauen Lügen, wie zum Beispiel „Kopf hoch", helfen nur den Tröstern.

Helfen und trösten kannst du, indem du einfach da bist und bei den täglichen Dingen hilfst. Sei anwesend, sei präsent, sei wirklich da in diesem Augenblick im Hier und Jetzt. Gib dem Trauernden zu spüren, dass du hilfst, die Trauer mitzutragen, zum Beispiel durch aktives Hinhören, indem du bestätigst, nachfragst und deine Körpersprache Offenheit zeigt. Oder indem du aufmerksam und still bist, Zeit, Geduld und Güte zeigst, nicht urteilst, sondern den Trauernden so annimmst, wie er ist. Lass dein Zuhören Trost sein. Gib mit einer Berührung, einer Umarmung oder einfach durch deine Präsenz zum Ausdruck: *Ich verstehe dich, du brauchst nichts zu sagen.* Schenke hier und da eine liebevolle Geste. Höre den Klagen zu. Werde nicht müde, dir immer und immer wieder dasselbe anzuhören. Geteiltes Leid ist halbes Leid. Wenn deine Worte und Gesten von Herzen kommen, dann erreichen sie den trauernden Menschen. Dann fühlt er sich verstanden und getröstet.

Beim Trösten geht es nicht um ein schnelles Beenden des Leidens, sondern darum, eine Atmosphäre zu schaffen, in der die unterschiedlichsten Gefühle zum Ausdruck gebracht werden können, in liebevoller Begleitung und ohne Wertung. Trauernde werden in einer solchen Begleitung verstehen, dass ihr Zustand keine behandlungsbedürftige oder gar zu heilende Krankheit ist. Trauern ist ein ungeliebtes Gefühl – und doch als Reaktion auf schmerzliche Erlebnisse – unverzichtbar für unsere psychische Gesundheit.

Eigenliebe

Je stärker wir uns selbst lieben und das Leben so annehmen, wie es ist, desto mehr können wir Liebe auch anderen entgegenbringen. *Es ist, wie es ist,* sagt die Liebe – darin liegt die große Akzeptanz des Lebens. Oder anders gesagt: Liebe ohne Eigen-Liebe ist nicht möglich. Ohne Eigen-Liebe gibt es keine wahre Liebe einem anderen Menschen gegenüber. Die Quelle ist in dir.

Vorsicht: Eigen-Liebe darf nicht mit der Ego-Liebe oder Ich-Sucht verwechselt werden! Eigen-Liebe praktizieren bedeutet: *Ich nehme meine eigene Persönlichkeit mit allen ihren Stärken und Schwächen an und akzeptiere sie liebevoll.*

Die Liebe zu sich selbst besteht in der Fähigkeit, sich seiner Eigenverantwortung für das eigene Wohlergehen bewusst zu sein. Dazu gehört auch, Grenzen zu setzen, nein zu sagen, um anderen zu mehr Selbstständigkeit zu verhelfen.

Wenn du einem trauernden Menschen deine Liebe schenken willst, dann versuche folgende Grundsätze zu verinnerlichen. Schreibe sie auf und hefte den Zettel an einen gut sichtbaren Platz:

Ich liebe und akzeptiere mich so, wie ich bin.
Ich betrachte alles mit den Augen der Liebe.
Liebe ist die stärkste Kraft.

Habe niemals Angst, deine Liebe zu zeigen. Lass deine Liebe wie ein offenes Buch sein, in dem alle Seelen lesen können. Die Liebe schließt nie aus, ist nie besitzergreifend. Liebe der Liebe willen! Liebe akzeptiert auch, wenn die/der Liebste uns verlassen hat oder viel zu früh verstorben ist. Jeder geht seinen Weg. Die Liebe ist ein Kind der Freiheit.

Mittragen

Leid und Schmerz steht trauernden Menschen oft ins Gesicht geschrieben. Wenn du sie begleitest, kann dich das erschrecken und abstoßen. Verständlich, denn fröhliche Gesichter sind uns lieber. Lenke trauernde Menschen nicht ab, weil du sie in diesem Zustand nicht ertragen kannst oder willst. Sie können im Moment nicht so sein, wie sie früher einmal waren, denn sie durchleben eine innere Wandlung, die ihnen zum großen Teil selbst fremd ist. Oft sind sie im Chaos ihrer Gefühle gefangen.

Für andere Menschen Zeit zu haben ist ein Geschenk. Verlasse sie nicht, wenn sie traurig oder gar wütend sind. In ihrem Innern tobt ein Durcheinander der Gefühle, von dem sie hin und her geschüttelt werden. Oft wissen sie selbst nicht, wie es weitergehen soll. Versuche, dich in sie einzufühlen. Sie brauchen Mitgefühl, das von Herzen kommt – von deinem Herzen. Lass dich von ihm führen, dann wirst du ihnen so begegnen, wie es ihnen guttut und hilft. Wenn du selbst in deiner Herzensenergie bist, gibt es keinen besseren Weg. Ein offenes Herz ist der allerbeste Wegweiser.

Menschlich sein

Sei freundlich, mitfühlend, tolerant und bringe vor allem Verständnis auf, auch wenn die Verhaltensweisen manchmal befremdlich sind. Versuche, dich in die Rolle des anderen hineinzuversetzen, und du wirst sein Bedürfnis erspüren. Dazu gehört Mut.

Gestatte einem Trauernden, all seine Gefühle zu zeigen, das können Wut, Ärger und Aggression sein. Hilf ihm, seinen Gefühlen Ausdruck zu geben, das kann durch Schreiben, Malen, Schreien, Töpfern, Musik, Tanzen oder durch intensive Bewegung geschehen.

Ja, du hast richtig gelesen: Ein Mensch in Trauer darf tanzen, wenn ihm danach zumute ist. Hauptsache, er kommt in Bewegung!

Findet gemeinsam einen Weg, um Gefühle zu zeigen, damit sie nicht zu unangenehmen Begleitern (Krankheiten) im Körper werden.

Das nachfolgende Gedicht von Mutter Teresa gefällt mir gut.

Trotzdem

Die Leute sind unvernünftig,
unlogisch und selbstbezogen –
liebe sie trotzdem!

Wenn du Gutes tust,
werden sie dir egoistische Motive
und Hintergedanken vorwerfen –
tue trotzdem Gutes!

Wenn du erfolgreich bist,
gewinnst du falsche Freunde und echte Feinde –
sei trotzdem erfolgreich!

Das Gute, was du tust,
wird morgen vergessen sein –
tue trotzdem Gutes!

Ehrlichkeit und Offenheit
machen dich verwundbar –
sei trotzdem ehrlich und offen!

Was du in jahrelanger Arbeit aufgebaut hast,
kann über Nacht zerstört werden –
baue trotzdem!

Deine Hilfe wird wirklich gebraucht,
aber die Leute greifen dich vielleicht an,
wenn du ihnen hilfst –
hilf ihnen trotzdem!

Gib der Welt dein Bestes,
und sie schlagen dir die Zähne aus –
gib der Welt trotzdem dein Bestes!

MUTTER TERESA (1910 – 1997)

KAPITEL 6

Suizid – Keine Lust mehr aufs Leben

Warum hast du mir das angetan? Warum hast du mich im Stich gelassen? Warum hast du nicht mit mir geredet? Warum habe ich nichts von deinen Seelenqualen bemerkt?

Fragen über Fragen, die sich Hinterbliebene stellen und oft daran zerbrechen. Tatsächlich tötet sich in Deutschland alle vierzig Minuten ein Mensch und alle fünf Minuten versucht jemand, sein Leben zu beenden. Das macht 10.000 Menschen im Jahr, doppelt so viele Tote wie bei Verkehrsunfällen.

Warum bringen sich Menschen um? Und was geht vor der Tat in ihnen vor?

Diese Fragen sind schwer zu beantworten, doch kann man sagen, dass sie seit ihrer Kindheit kein Urvertrauen, sondern ein Ur-Misstrauen verspüren, und statt Selbstständigkeit fühlen sie Unsicherheit, Angst und Verzweiflung. Eine Aggression macht sich in ihnen breit, die sich gegen sie selbst richtet. Sie sehen nur noch einen Ausweg – den Tod. Dabei wollen sie oft nicht unbedingt sterben, können so aber auch nicht weiterleben.

Die relativ häufigste Ursache für einen Suizid oder Suizidversuch wird auf depressive und neurotische Erkrankungen zurückgeführt, hinzu kommen Schizophrenie, Suchtkrankheit und chronische Schmerzen, Konflikte in der Partnerschaft, Sexualität, Geld- und andere Probleme – das eigene Scheitern. Darüber hinaus nimmt die Suizidalität in Europa im Alter zu und Menschen ab dem 60. Lebensjahr sind besonders gefährdet.

Viele Angehörige (Hinterbliebene) sterben danach an gebrochenem Herzen, weil sie den Suizid ihres Kindes, Partners oder Elternteils nicht verkraftet haben.

Suizid ist ein gesellschaftliches Problem, nicht nur ein individuelles. Die Hinterbliebenen fühlen sich besonders einsam, weil sie von der Gesellschaft argwöhnisch beäugt werden und sich fast zwanghaft mit Schuldgefühlen quälen.

Selbstmörder werden diskriminiert, insbesondere von den Religionsgemeinschaften. Aus christlicher Sicht hat der Mensch kein Recht zu einem zerstörerischen Eingriff, da Gott den Menschen mit einem Lebensauftrag beschenkt hat. Ein Mensch, der sein Leben eigenmächtig zerstört, entfernt sich von diesem Auftrag und nimmt seine Existenz nicht als Heilchance an. Ein ehrwürdiges Begräbnis wird ihm oft vorenthalten.

Hinterbliebene von Selbstmördern brauchen den Schutz der Gemeinschaft, damit kein Teufelskreis von Verzweiflungstaten entsteht. Wir werden wohl eine Selbsttötung nie ganz verstehen. Doch wir müssen lernen, mit den Toten in Frieden zu leben, und akzeptieren, dass jeder Mensch ein Geheimnis hat – und sei es eine ungeahnte Todessehnsucht.

Ich empfehle Hinterbliebenen den Besuch eines Trauerseminars und das Buch: *Suizid. Das Trauma der Hinterbliebenen. Erfahrungen und Auswege.* Von Manfred Ötzelberger. Es kostet 10 Euro und ist im Deutschen Taschenbuchverlag erschienen.

Suizid in heilenden Berufen

Es klingt paradox: In den helfenden Berufen finden wir besonders viele Menschen, die sich das Leben nehmen. Allen voran Ärzte. Viele leben ungesund: Stress, keine Zeit, große Verantwortung, unregelmäßige Arbeits- und Schlafzeiten sowie Existenzängste. Eine so hilfsbereite Gruppe Menschen vergisst sich selbst.

Das tägliche Erleben von Krankheiten, Elend und Tod bleibt nicht in den Kleidern stecken. Auch das Thema Sterben muss bei Ärzten endlich mehr Raum bekommen.

Ein Schmerztherapeut mittleren Alters, den ich selbst kannte, gut aussehend, erfolgreich, nahm sich das Leben nach seiner gescheiterten Ehe. Die Belastungen beruflich und privat waren einfach zu viel für ihn.

Ärzte suchen selten Hilfe bei Kollegen, weil sie sich für ihre Schwäche schämen. So ist gerade bei Ärztinnen die Selbstmordrate fünf- bis sechsmal höher als bei Männern. Das Ausgebranntsein mit massiven körperlichen und seelischen Störungen nach langen Bereitschaftsdiensten ist keine Seltenheit. Viele haben Alkoholprobleme und halten sich mit Aufputschmitteln fit.

Wir, in den helfenden Berufen, müssen mit uns selbst im Reinen sein, damit wir in der Lage sind, anderen zu helfen. Es ist dringend notwendig, eine eigene Seelenhygiene zu betreiben. Arbeiten bis zum Umfallen und die Lebensqualität vernachlässigen, das hält kein Mensch aus. Menschen in heilenden Berufen brauchen eine Heilerhygiene.

Erst nach 15 Jahren in einem helfenden Beruf als Trauerbegleiterin bin ich auf Dr. Roland Heber gestoßen. Dr. Heber ist Arzt und Schamane, hatte eine eigene Praxis in Hongkong und arbeitet jetzt in einer der renommiertesten Kliniken Europas. Er engagiert sich für Patienten mit Burn-out-Syndrom und anderen schwerwiegenden Krankheiten und bietet zusätzlich eine Ausbildung in Heilerhygiene an. So stellt sich die Frage: Warum wird das so wichtige Thema bisher nicht für diese Berufe gelehrt?

Tatsächlich ist das ein großes Defizit in der Gesundheitspflege. Auf energetischer Ebene bekommen Menschen in heilenden Berufen leider sehr viel von kranken und trauernden Menschen ab. So stellen sich gleich die nächsten Fragen: Welche Möglichkeiten gibt es, sich selbst zu schützen und davon zu befreien – und wie macht man das?

Heiler-Burn-out ist ein großes Problem weltweit. Da Heiler und Therapeuten im Allgemeinen sehr großherzig sind und allen helfen wollen, überschätzen sie sich manchmal selbst. Aber der Körper setzt ihnen Grenzen. Die Ursache liegt meist in der unfreiwilligen Aufnahme von Krankheitsgiften, die von den Patienten ausgeschieden werden. Das kann bis zu schwerster allgemeiner, körperlicher und seelischer Erschöpfung führen. So ist eine spezielle Hygiene auf körperlicher und spiritueller Ebene nicht nur für die behandelnde Person, sondern auch für den Raum notwendig. Zu erlernen ist auch, wie man sich vor negativen spirituellen Einflüssen schützt. Diese spirituellen energetischen Heilmethoden sollten meiner Meinung nach in keiner Ausbildung für pflegende Berufe fehlen.

Vergeben und Loslassen von
Problemen hängen einzig und allein
von der inneren Bereitschaft ab, nicht
von irgendwelchen Zeitfaktoren.

KALENDERSPRUCH

KAPITEL 7

Trauer um das ungeborene Kind – Der unerfüllte Kinderwunsch

Trauerarbeit bei ungewollter Kinderlosigkeit zu leisten ist oftmals schwieriger, als über den Tod eines Angehörigen hinwegzuhelfen. Die Trauer dreht sich um noch nicht gelebtes Leben und bezieht Sexualität mit ein, über die man nicht gerne spricht.

Vielen Paaren macht die Liebe nach Plan irgendwann keine Freude mehr (Sexualität soll Freude machen!), das Errechnen von fruchtbaren und unfruchtbaren Tagen und die tiefe Enttäuschung, wenn es wieder nicht geklappt hat. Frauen sind wütend auf ihren Bauch und fragen sich: „Warum funktioniert er nicht, warum wird er nicht dick und rund und lässt ein Baby in mir wachsen?" Sie werden aggressiv und böse auf sich selbst und fühlen sich nicht mehr als Frau. Viele Paare fragen sich insgeheim nach dem Sinn ihrer Beziehung, der jeweilige Partner fühlt sich einsam, enttäuscht und verzweifelt, manche plagen Schuldgefühle – und dann immer wieder die Suche nach den Ursachen. Besonders heikel sind Einladungen zu Familienfesten und die Blicke, die fragen: „Na, wann ist es denn endlich bei euch so weit?"

Solche Gefühle und Zustände sind verständlich und es ist wichtig, sie sich selbst zuzugestehen: Ich darf Neid empfinden. Ich darf unglücklich sein. Ich darf schreien und toben.

Doch eines darfst du nicht: deine Trauer unterdrücken!

In diesen emotionalen Krisen ist es wichtig, sich Hilfe zu holen. Eine Beratung, eine Therapie oder eine Trauerberatung helfen, den Schmerz zu bewältigen und den Blick in die Zukunft zu richten. Die Zukunft ohne ein Kind!

Neben professioneller Hilfe empfehle ich das Buch von Susanne Zehetbauer: *Ich bin eine Frau ohne Kinder. Begleitung beim Abschied vom Kinderwunsch*, Kösel Verlag, 14,95 Euro.

Ich möchte hier die Schlussworte eines Vortrages von Dr. med. S. Potthoff wiedergeben zum Thema „Somatisierung*[1] unterdrückter Trauer in der Frauenheilkunde". Er sagt: „... In diesem Zusammenhang möchte ich daran erinnern, dass wir derzeit in der Bundesrepublik Deutschland jährlich 200.000 Schwangerschaftsabbrüche bei 580.000 Geburten haben. Begleiten wir Ärzte unsere Patienten nach Schwangerschaftsabbrüchen, Fehlgeburten, Frühgeburten, Totgeburten, traumatischen Geburten, Trennungen, dem Tod von nahestehenden Personen, Verwandten, Schicksalsschlägen, ja auch nach Operationen nicht durch den notwendigen – die Not wendenden – Trauerprozess, fördern wir nicht die Heilung unserer Patientinnen. Im Gegenteil, wir verhindern die Heilung, was dann in der Somatisierung allerdings oft erst nach Jahren seinen Ausdruck findet. [...] Aber man kann nie über die Natur sprechen, ohne über sich selbst zu reden, formulierte bereits Werner Heisenberg[2]. Ein eigener langer Trauerprozess ist wohl Voraussetzung, Tränen beim anderen zuzulassen, mitfühlend empathisch teilen zu können."

---

1 somatisch (griechisch.) = med. das Soma betreffend, körperlich
2 Werner Heisenberg, 1901-1976, einer der bedeutendsten Physiker des 20. Jahrhunderts und Nobelpreisträger

Ich habe meine Worte verloren
das Gefühl für meine Worte
denn die Trauer umfängt mein Herz
erdrückt es
engt es ein
Die Worte entstehen nicht mehr
die Gefühle fühlen nicht mehr
Schweigen
Stille
Nur das Pochen meines Herzens
langsam
dann schneller
immer schneller
Trauer
tief empfundene Trauer
nimmt mir das Denken
Unsinn
alles Unsinn
Schicksal oder Zufall?

MICHAELA SCHINDLER

KAPITEL 8

Auf dem Weg in deine Zukunft – Rituale und spirituelle Übungen geben Kraft

Rituale bilden ein sicheres Gerüst. Durch ihre Zeremonie werden eine Fülle von kreativen Energien und Impulsen freigelegt, die ihrerseits eine neue Bezugsmöglichkeit schaffen. Rituale helfen uns, das, was wir bereits im Kopf erkannt haben, auf emotionaler Ebene zu integrieren und zu begreifen. Rituale geben uns Kraft und haben einen hohen Erinnerungswert.

Übung

Ich zeige dir nun ein Trauerritual, das du gut alleine durchführen kannst, wenn möglich, zweimal wöchentlich. Nimm dir hierfür eine Stunde Zeit und stelle die Klingel und das Telefon ab, sodass du ungestört bist. Stelle Folgendes auf einen Tisch oder auf den Boden: eine Kerze, eine Rose und ein Bild des Verstorbenen. So schaffst du dir einen kleinen Kraftplatz. Du kannst auch mit getrocknetem Salbei räuchern. Salbei klärt die Sinne und macht den Kopf frei.

- Nun setze dich davor, sammle dich einen Moment.
- Atme jetzt bewusst zwei Minuten lang tief durch die Nase, ruhig und gleichmäßig. Jetzt sprich ein Gebet oder sing ein Lied, das zu deiner Stimmung passt.
- Beginne dem Verstorbenen alles zu sagen, was dir auf der Seele liegt, wie es dir gefühlsmäßig in diesem Moment geht, was dich bedrückt und was du vermisst. Auch Schimpfen ist erlaubt.
- Sprich alles aus.
  Du magst dir dabei vielleicht seltsam vorkommen. Das macht nichts. Tue es trotzdem. Wenn du genug gesagt hast, beende die Sitzung und bedanke dich dafür, dass er/sie dir zugehört hat. Sage, dass du ihm/ihr jetzt Ruhe und Frieden gönnst.
- Beende das Ritual, indem du deine Hände faltest und dich verbeugst.

Meditation – eine andere Form des Seins

Meditation bedeutet „Ausrichtung zur Mitte" und ist eine in vielen Kulturen und Religionen ausgeübte spirituelle Zeremonie. Durch Konzentrationsübungen und Achtsamkeit soll sich der Geist sammeln und beruhigen. Es ist eine bewusstseinserweiternde Übung, die oft mit Begriffen wie *Eins-Sein, Hier und Jetzt, Stille* sowie *frei von Gedanken sein* in Verbindung gebracht wird. Bei allen Meditationstechniken, die angeboten werden, sind diese als Hilfsmittel zu verstehen, um einen vom Alltagsbewusstsein unterschiedlichen Bewusstseinszustand zu üben, in dem das momentane Erleben im Vordergrund steht, frei vom gewohnten Denken und ohne Bewertung.

Die Meditation hat viele positive Wirkungen und hilft, den inneren Frieden wiederzufinden. Innerer Frieden macht uns warmherzig und bringt Glück! Die Methoden stärken gleichermaßen Körper, Geist und Seele.

- Wenn du regelmäßig übst, wirst du feststellen, dass sich deine Konzentrationsfähigkeit wesentlich verbessert.
- Du wirst Entscheidungen leichter treffen können.
- Deine psychische und physische Gesundheit wird gefördert, Muskelverspannungen lösen sich, dein Körper wird geschmeidiger, du lernst, dich besser zu konzentrieren.
- Spannungen, Ängste und Schuldgefühle werden abgebaut.
- Es entwickelt sich die Fähigkeit, loszulassen.
- Blockaden werden wahrgenommen und können gelöst werden.
- Eine innere Gelassenheit entwickelt sich mit der Zeit.
- Du kommst in eine tiefe Ruhe und Entspannung.
- Du wirst feinfühliger und hörst mehr die Zwischentöne.
- Du bekommst mehr Klarheit im Denken und lernst, die Dinge geschehen zu lassen.

Es gibt zahlreiche Bücher hierüber sowie Angebote von Volkshochschulen. Das Wichtigste ist jedoch eine gewisse Neugierde, dich – falls du noch nie meditiert hast – auf vollkommen Neues einzulassen. Dabei ist es hilfreich, wenn du dich mit Disziplin auseinandergesetzt hast, vielleicht sogar ein von Natur aus disziplinierter Mensch bist.

Es gibt eine stille und eine aktive Meditation. Ich stelle dir hier die stille Meditation vor. Die aktive solltest du zu Beginn nur unter Anleitung eines dafür ausgebildeten Trainers machen. Meditation ist Versenkung und nichts für Eilige, aber sehr hilfreich auf deinem Weg durch die Trauer. Du wirst zum Beobachter deiner eigenen Person und identifizierst dich nicht mehr so sehr mit den Trauergefühlen.

Übung

Diese Meditationshaltung führt zur inneren Ruhe und kräftigt die Nerven. Sie bedarf einer Übungszeit von zehn Minuten. Wenn dir das zu lange erscheint, kannst du mit drei Minuten beginnen und die Zeit von Tag zu Tag steigern. Übe dich in dieser Meditation zweimal täglich, morgens und abends.

1. Setze dich im Schneidersitz auf ein Sitzkissen und lege eine Uhr vor dich auf den Boden.
2. Die Wirbelsäule gerade halten, das Kinn leicht zum Hals geneigt und die Augen blicken nach unten.
3. Die linke Hand bildet vor der Brust den Boden eines Gefäßes, die rechte ca. 25 cm darüber den Deckel.
4. Atme zehn Minuten tief durch die Nase ein und aus.
5. Deine Gedanken kommen und gehen, halte keinen fest. Gehe keinem Gedanken nach, lasse sie los. Stelle dir vor, deine Gedanken sind wie Wolken, die vorüberziehen.
6. Nach zehn Minuten strecke die Arme hoch und atme laut aus. Streiche mit beiden Handrücken vom Kinn aus über die Wangen und den Kopf nach oben aus.
7. Lege deine Hände unter die Knie und führe sie zusammen, stelle die Füße auf und lass deine Beine nach vorne ausgleiten, beuge deinen Oberkörper nach vorne, sodass deine Fingerspitzen die Zehen berühren. Das entlastet den Rücken und du kannst leichter aufstehen.

Meditationsübungen haben eine dreifache Wirkung:

Körperlich: Brust und Becken weiten sich. Beklemmungen in der Herzgegend lassen nach. Du spürst mehr Weite und Ausdehnung.

Geistig: Meditation aktiviert alle Gehirnfunktionen.
Seelisch: Du erlebst Harmonie und inneren Frieden.

Es gibt zahlreiche Bücher über Meditation, und Volkshochschulen bieten Kurse an.

Yoga

Verschiedene Körperhaltungen und -übungen des Yogas sowie Atemtechniken unterstützen die Meditation. Yoga ist der Überbegriff für eine Vielzahl an Techniken und Methoden, die alle dazu dienen, den Menschen von seinem Leiden zu befreien. Pauschal könnte man sagen: Der Mensch soll die Wahrheit erkennen. In vielen Städten gibt es Yogaschulen, ein Schnupperkurs lohnt sich.

Meditative Kampfkunst

Lass dich bitte nicht von dem Wort „Kampf" abschrecken. In vielen Kampfsport-Traditionen spielt der meditative Aspekt eine wichtige Rolle, oft tritt der kämpferische Ursprung völlig in den Hintergrund. Karate, Judo, Aikido und viele mehr wenden meditative Praktiken an.

Meditative Kampfkunst nutzt Körperübungen der asiatischen Kampfkünste und vereint Psychologie, Philosophie und Pädagogik zu einer ganzheitlichen Anwendung. Es werden neue Dimensionen des Fühlens und Denkens eröffnet und Visualisierungs- und Atemtechniken zeigen uns die Wirkung zu effektiverem und gesünderem Handeln, stärken das Selbstbewusstsein und stellen Harmonie und Gleichgewicht her, um den Glauben an sich selbst besser zu entfalten.

Angebote gibt es in den Gelben Seiten deiner Stadt sowie den Volkshochschulen.

Gehen

Die einfachste Art, sich sportlich zu betätigen und dabei zu meditieren, ist das Gehen, das sowohl in der fernöstlichen als auch in der christlichen Kultur bei verschiedenen Mönchsorden praktiziert wird. Gehen ist die natürlichste und ursprünglichste Form der Fortbewegung und gesund dazu. Wer geht, muss sich nicht darauf vorbereiten, er kann einfach loslaufen. Ein paar Schritte durch den Park oder am Waldrand entlang tun Körper und Geist gut und sind für Menschen jeden Alters zu empfehlen. Es gibt mittlerweile Kurse für das *richtige* Gehen, um mit einfachen Bewegungen Meditation zu erfahren. Beim meditativen Gehen wird das Körperbewusstsein trainiert und die freie Natur als besonders intensives Erlebnis empfunden.

Tanzen

Die Trauer tanzen, das Leben tanzen … Wer trauert, darf tanzen! Loslassen, was uns bedrückt. Im Tanz und ganz besonders im meditativen Tanz erfahren wir durch Musik in Verbindung mit dem körperlichen Erleben Freude und Kraft – und ein Gefühl von Gemeinschaft, wenn wir in einer Gruppe tanzen.

In der Meditation des Tanzes haben die Tanzschritte und -formen eine ganz eigene Bedeutung, so kann der Tanzende seinem Inneren Ausdruck geben und das sagen, was er nicht in Worte fassen kann.

Kursangebote gibt es sicher auch in deiner Region.

Musik und Rezitation

Musik lädt durch Klang und Rhythmus ein, ganz Ohr zu sein. Rhythmische Klänge und Musik helfen dir beim Start in den Tag. Sie können ein treuer Begleiter sein, setzen spirituelle Impulse, wecken Erinnerungen, vertiefen Gedanken und spenden Trost. Musik ist Ausdruck einer Stimmung, einer Empfindung, einer Inspiration. Sie ist Sprache und Dialog, gibt Kraft, trägt, inspiriert und entlastet den Kopf.

Finde DEINE Musik! Das kann Rockmusik, klassische Musik oder das können Choräle sein, wie wir sie vor allem aus der Gregorianik kennen. Aber auch das Rosenkranzgebet aus dem Christentum sowie das Mantra, das wir aus dem Buddhismus und Hinduismus kennen, hat eine ähnlich meditative und entspannende Wirkung.

Spiritualität

Spirituelle Kraft zeigt sich in der Achtung und Ehrfurcht eines Menschen vor dem Leben – seinem eigenen und aller anderen Lebewesen, einschließlich der Tiere und der Natur. Dies geht oft mit der Anerkennung einer übergeordneten, universellen Kraft einher, die von vielen Gott genannt wird. Sich täglich Zeit zu nehmen, die spirituelle Kraft in uns selbst und in jedem Gegenstand zu erkennen, über Bescheidenheit und Achtung nachzudenken und die Tatsache, dass wir Teil des Universums sind, beseitigt unseren inneren Zwiespalt, den wir als quälenden Kampf mit unserer eigenen Menschlichkeit empfinden.

Unsere spirituelle Kraft wird mit jeder Wohltat gestärkt, die wir spenden, und während diese Kraft wächst, werden die Kraftproben des Lebens weniger. Unser Kampf, Situationen, Bedingungen und unsere Mitmenschen anzunehmen, wie sie sind, anstatt sie zu kontrollieren und zu bewerten, hört auf, sobald wir unsere eigenständige Persönlichkeit wirklich respektiert haben. Wenn wir spirituell verbunden sind, mangelt es uns nicht an Zuversicht und Selbstbestätigung. Der Glaube an etwas Höheres gibt uns Kraft, Geborgenheit, Sicherheit und Gelassenheit.

Beginne gleich heute damit, dich in dieser Disziplin zu üben. Achte in allem, was du tust, auf das übergeordnete Prinzip und fange an, es anzuerkennen. Du wirst sehen, es fällt dir auf einmal leicht, dich an der Leichtigkeit des Lebens zu erfreuen. Sag Ja zu dir mit all deinen Fehlern. Nur wer milde mit sich selbst ist, ist es auch anderen gegenüber. Sag Ja zu dir und nimm dich an, so wie du bist. Nur wer sich selber lieben kann, liebt auch andere neben sich. So entdecke dich in deinem Wert und vergib dir deine Fehler.

Hilfe für die Trauerbewältigung in den Religionen

Der christliche Glaube

Christen glauben an „den einen Gott", den Schöpfer der Welt, den Gott Abrahams, Isaaks und Jakobs. Er offenbart sich den Gläubigen in der Dreifaltigkeit von Gott Vater, Sohn (Jesus Christus) und Heiliger Geist. Gott ist allwissend, allmächtig und liebt jeden Menschen bedingungslos, was ein Kern des christlichen Glaubens ist.

Gebete haben einen zentralen Platz in allen christlichen Konfessionen. Alle erkennen das Vaterunser und die Psalmen an, ebenso wie persönlich formulierte Gebete. Christen glauben, dass Gott Gebete erhört.

Wenn Gebete aufrichtig und aus tiefster Überzeugung gesprochen werden, spenden sie Trost und Zuversicht. Denn Gott sagt, dass sein Wort nicht leer zu ihm zurückkommt, bevor es das tut, wozu es gesandt wurde (Jes 55:11a).

Beten heißt nicht, sich selbst reden zu hören. Beten heißt: Still werden, still sein und hören, bis der Betende Gott hört, das meinte einst der dänische Philosoph Soren Kierkegard. Wer betet, besinnt sich und bittet still eine höhere Macht um Hilfe.

In Gebeten finden wir die einzigartige Liebe, finden wir das Angenommensein in unserem großen seelischen Schmerz, in unserer Schuld und Unschuld, in unserer Wut, in unserem Unverständnis und in unserer Sehnsucht nach Heilung. Wir müssen nur bereit sein und uns öffnen, und wenn wir es noch nicht können, dann können wir darum bitten. Wenn du dein Herz für Gott, für Jesus Christus öffnest, dann kann Heilung auf dem natürlichsten Weg geschehen. Der Schlüssel zur Heilung ist ein offenes Herz.

Gott liebt dich in deiner Trauer und hilft dir, den richtigen Weg zu finden. Er gibt dir die Hoffnung, dass alles wieder gut wird, er hat bereits deinen Schmerz auf sich genommen am Kreuz, er entlastet dich, er führt dich, er hat dich immer geliebt.

Mache Gott (das Gute) nicht verantwortlich für dein Schicksal. Nimm seine Liebe und damit Heilung an. Wirklich vertrauen kannst du nur ihm. Höre auf, über die Trauer nachzudenken und zu diskutieren, denn die Wunden der Trauer heilen nicht in langen Gesprächen, auch wenn sie noch so tiefsinnig sein mögen. Die Trauergefühle können auch nicht durch Lesen aufgelöst werden. Selbstheilung bedeutet etwas anderes: sich selbst in seiner Trauer liebevoll anzunehmen und zu akzeptieren. Die bereits vorhandenen Heilquellen zu erschließen ist ein gesunder Weg, der zum Ziel führt. Damit entdeckst du den Sinn im Trauern. Hierzu brauchst du Vertrauen, und dieses Vertrauen findest du, wenn du gläubig bist, bei Gott. Denn er ist die reine Liebe, und Liebe ist die stärkste Kraft.

Lege jetzt deine Hände gefaltet zusammen und bitte Gott um Heilung, denn alles, um das wir bitten, wird uns gegeben.

Überlege: Was bedeutet für dich Glauben?
Wo findest du Sicherheit?
Nimm dir Zeit, darüber nachzudenken.
Einer ist da, der dir seine Hand reicht, sie war schon für dich da, als du noch nicht auf der Welt warst. Einer ist da, dem du vertrauen kannst. Einer ist da, der dich nie enttäuscht.

Übung – Einladung zum Gebet

Hilf mir heute, Gott,
dass ich mich der Trauerarbeit
an meinen Verlusten widme.
Hilf mir,
dass ich den Prozess der Trauerarbeit durchlaufe
und in allen Phasen akzeptiere,
um inneren Frieden
und eine bejahende Haltung
in meinem Leben zu erlangen.
Hilf mir dabei,
behutsam mit mir und anderen umzugehen,
während ich durch diesen
sehr menschlichen Heilungsprozess gehe.
Amen

Möge dir die Sonne scheinen,
mögest du im Leben mehr lachen als weinen,
mögen dich Hände und Flügel berühren,
mögest du Sehnsucht und Freiheit spüren,
mögest du die Liebe zum Blühen bringen,

mögest du im Leid voller Hoffnung bleiben,
Menschen und Erde ins Herz dir schreiben.
Mögest du dem Guten begegnen,
möge die umfassende Liebe dich segnen.

HERMANN BRÜGGEMANN AUS „LIEBE DEIN LEBEN"

Engel

Der moderne Mensch hat keine Beziehung mehr zu den himmlischen Boten. Sie sind für den Skeptiker, der nur auf den Nutzen bedacht ist, reine Einbildung und gehören höchstens noch in den Bereich der Märchen. Aber der Engel ist Geist, nur Geist. Nicht dem Leibe feindlich, aber unleiblich. *Siehe, ich sende einen Engel vor dir her, um dich auf deinem Weg zu behüten und dich an den Ort zu bringen, den ich für dich bestimmt habe.* Buch Moses 23, 20-30

Die Engel sind Boten Gottes und manche haben das Amt, den Menschen eine Mitteilung zu überbringen. Engel sind „Künder", und sie haben noch ein zweites Amt, sie beschützen die Menschen. Der Schutzengel ist der unsichtbare Begleiter deines Lebens, und er ist stets gegenwärtig.

Der Engel bedeutet im Leben eine wirkliche Hilfe – weil der Mensch sich durch ihn gehalten fühlt und dabei das bedrückende Gefühl der Verlassenheit verliert.

Denke immer an deinen guten Engel, der bei dir ist, und rede leise mit ihm, dann ist er deine Kraftquelle. Dein liebender Engel ist immer da, vertraue ihm, sprich mit ihm, und du wirst sehen, du bekommst Hoffnung und Zuversicht, du wirst Wärme und Herzlichkeit in den kalten Tagen deiner Trauer bekommen. Du bist nicht allein. Deine Engel sind immer bei dir. Auch in deinen langen, schlaflosen Nächten wachen sie an deinem Bett. Sie sind unsere größten Tröster.

Engel sind die stillen Begleiter aus dem Universum, die von Anfang an, als wir auf die Welt kamen, bei uns sind. Nimm Kontakt auf zu deinem Schutzengel, er wartet bereits auf dich, oder lade deine Engel ein, in dein Leben zu kommen. Bitte sie um Schutz, Begleitung und Beistand. Sie werden kommen, dir die Hände reichen und dich führen.

Manchmal begegnen uns Engel in Träumen oder durch andere Menschen, die uns unverhofft eine Botschaft überbringen. Oder du fühlst deinen Engel, wie er sanft seine Flügel um dich legt und dich tröstet. In diesem Moment fühlst du dich geborgen und geliebt und ein tiefes Glücksgefühl steigt in dir auf.

Dein zweiter Engel ist dein Führungsengel, dieser hat uraltes Wissen, und wir spüren ihn, wenn die Stimme unseres Gewissens zu uns spricht. Bitte ihn um Führung und er wird dir seine liebevolle Hand reichen. Er kennt den Weg durch die Trauer, führt dich auf die richtige Bahn, eines Tages wieder Lebensfreude zu empfinden.

Es gibt noch einen dritten Engel. Ihn nehmen wir erst zum Ende des Lebens deutlich wahr. Er zeigt uns den Sinn des Lebens, wenn wir Rückschau halten. Der Todesengel wird dich eines Tages abholen, wenn deine Zeit um ist, hier auf Erden, und er wird dich hinüberbegleiten in ein anderes Sein, wenn deine Stunde gekommen ist.

Der Buddhismus – eine Lebensphilosophie

Der Buddhismus begann als indische Selbsterlösungslehre mit dem Ziel, die Welt in ihren Leidenszusammenhängen zu durchschauen und zu überwinden. Mit einem hohen ethischen Anspruch und tiefen Weisheitslehren strebt der Buddhismus nach einer Vereinigung von philosophischer Erkenntnis und spiritueller Erfahrung. Es ist eine sehr facettenreiche Lebensphilosophie mit unterschiedlichen Ausrichtungen. Doch alle beinhalten die Lehre vom Karma. Durch den Verdienst, der von allen guten Handlungen ausgeht, will man das Leiden aller

Geschöpfe lindern und sich selbst Gutes tun, damit sich dieses positiv auf die Wiedergeburt auswirkt.

Der Buddhismus bekennt sich grundsätzlich zur Haltung der Friedfertigkeit und Toleranz sowie zur ethischen Hilfsbereitschaft gegenüber allen Lebewesen. Unter den Weltreligionen genießt er den besten Ruf. So engagieren sich Buddhisten stark für den Weltfrieden. Sie zeigen selten gewalttätige Züge und verlassen sich stattdessen auf Überzeugungskraft, philosophische Diskussionen und die Kraft der buddhistischen Lehren.

Der Buddhismus betont, dass sich ein Gläubiger am Ende seines Lebens durch Meditation und innere Gelassenheit auf den Tod vorbereiten soll. Der Körper, dem keine größere Bedeutung zukommt, wird nach dem Tod verbrannt und seine Asche verstreut oder in Familiengräbern beigesetzt.

Die Trauerzeit beträgt im Buddhismus 49 Tage und gilt als Zeit, in der die Seele des Verstorbenen ihre Reise ins Jenseits antritt.

Eine besondere Unterstützung können wir den Verstorbenen durch Gebete, kleine Rituale und Gedenken an sie geben.

Übung

Hierzu sind einige Vorbereitungen notwendig. Dusche dich und reinige dich, wasche auch deine Haare, öle danach deinen ganzen Körper ein und kleide dich ein wenig festlich.

Suche dir einen ruhigen Platz in der Wohnung, stelle das Telefon und die Klingel ab. Schaffe dir ein kleines Kraftfeld, das soll dein Meditationsplatz sein, mit einem Sitzkissen, einer Kerze, etwas Räucherwerk, z. B. Salbei oder Weihrauch, und einer Blume, eventuell mit einem Bild des Verstorbenen.

Nun setze dich bequem hin, atme tief durch und komme in den ruhenden Punkt in dir. Dabei lege eine Hand auf dein Hara (das ist der Punkt zwei Fingerbreit unter deinem Bauchnabel) und die andere Hand lege auf dein Herz-Chakra, also in die Mitte deiner Brust. Atme, atme, atme und folge deiner Atmung.

Dann lege beide Hände wie zum Gebet zusammen und sprich: „Mit Hingabe, die aus meinem Herzen kommt, und mit tiefem Mitgefühl möchte ich für dich liebe/lieber (Name des Verstorbenen) beten."

Führst du diese Übung mit mehreren durch, nehmt euch an die Hände und schließt sie zu einem Energiekreis, um gemeinsam in die besinnliche Stille zu kommen. Seid ihr Christen, dann könnte euer Gebet oder die Anrufung wie folgt lauten:

Lieber Gott, Vater im Himmel, Jesus Christus, all ihr Heiligen, erleuchtete Buddhas und ihr lieben Schutzengel, wir (Namen der Anwesenden nennen) bitten euch um Hilfe, damit unser Gebet erhört wird und bei (Name des Verstorbenen) ankommt.

Lieber/liebe (Name des Verstorbenen), unsere Liebe und unser Gebet sollen dich auf deinem Weg begleiten. Wir senden dir all unsere Liebe und Kraft, wir wollen dir helfen, damit du dich mit dem Licht vereinen kannst. Das ist unser aufrechter Wunsch, dafür sind wir bereit, dich hier vom irdischen Dasein loszulassen, dich nicht zu halten und dich für deinen Weg freizugeben.

Wir wünschen dir, dass du von allem Leid befreit wirst, und sagen dir: Du brauchst dir keine Sorgen um uns zu machen. Du bist bei den Toten, wir bei den Lebenden, die Brücke zwischen uns ist die Liebe.

Wir sind dankbar für all deine Liebe und Güte, die du uns geschenkt hast, und senden dir unser Mitgefühl. All deine Fehler, die du zu Lebzeiten begangen hast, sind wir bereit zu vergeben.

Wir danken dir für die Zeit, die du bei uns warst, für deine Liebe, die du uns geschenkt hast, und bedauern, dass du nicht mehr unter uns bist.

Wir wünschen dir von ganzem Herzen Ruhe und Frieden und Befreiung von jeglichem Leid. Möge dieses Gebet wie der Rauch eines Feuers zu dir aufsteigen. Möge dich Licht und Liebe auf deinem Weg begleiten. **Wir wünschen es dir von Herzen.**
Wir werden es schaffen, dich in Liebe loszulassen.
Danke, dass du hier bei uns auf Erden warst.
Amen

Jetzt könnt ihr „Om Mani Padme Hum" singen, das die Energie des Mitgefühls in euch aufsteigen und fließen lässt und im Anschluss eine Spende an eine wohltätige Organisation im Namen des Verstorbenen tätigen.

Om Mani Padme Hum

Der Sinn des Mantras *Om Mani Padme Hum* ist unerschöpflich. Wird es rezitiert, sollte man sich über die Bedeutung und den Sinn dieser Silben bewusst sein. Die erste, „Om", ist aus drei Buchstaben zusammengesetzt, nämlich A, U und M. Sie symbolisieren den unreinen Körper, das unreine Bewusstsein und die unreine Rede. Gleichzeitig symbolisieren sie aber auch den reinen erhöhten Körper, das reine Bewusstsein und die reine Rede eines Buddha.

„Mani" wird mit vier Buchstaben angedeutet, heißt „Juwel" und symbolisiert die uneigennützige Intention, das Streben nach Erleuchtung.

„Padme" heißt Lotus und steht für die Weisheit. Lotus erwächst aus Schlamm, doch seine Schönheit wird nicht vom Schmutz getrübt, und so kann uns Weisheit in einen widerspruchsfreien Seinzustand versetzen.

Vollkommene Reinheit muss durch die unteilbare Einheit von Methode und Weisheit erzielt werden. Deshalb bedeutet „Hum" Unteilbarkeit. Eine ausführliche Erklärung findest du unter http://www. ommanipadmehum.de/dalaiman.htm

Das „Om Mani Padme Hum" ist das Mantra des Mitgefühls und wünscht allen Wesen auf dieser Erde Glück. Es ist die heilige Silbe der kosmischen Kräfte. Du kannst es sprechen oder singen – auch auf CD ist es erhältlich.

Mantras

Mantras sind Sätze aus dem Sanskrit. Sie klangvoll und oft zu wiederholen hat eine psychologische und energetische Heilwirkung. Die Gedanken sind konzentriert, die Atmung ist tief, Endorphine werden ausgeschüttet, was den Stress reduziert und das Wohlbefinden steigert. Diese Silben gesungen haben eine wunderbar beruhigende und versöhnliche Wirkung. Wenn du sie in deine täglichen Meditationen mit einbaust, wirst du großen innerlichen Frieden erfahren.

Tibetisches Mantra: Das folgende Mantra kannst du nachsprechen oder noch besser auf einer CD hören.

Rest in natural great peace
Rest in natural great peace
This exhausted mind
Beaten helplessly by karma
and neurotic thoughts
like the relentless waves
in the infinite ocean of Samsara
Rest in great natural peace.

NYOSHUL KHEN RINPOCHE

Ruhe in natürlichem großem Frieden

Ruhe in natürlichem großen Frieden
dieser erschöpfte Geist
hilflos geschlagen von Karma
und neurotischen Gedanken
wie die erbarmungslosen Wellen
des unendlichen Ozeans Samsaras
Ruhe in natürlichem großem Frieden.

Die Lotusblüte – Meisterin der Verwandlung

Gewachsen im dunklen Schlamm,
umhüllt von Morast und schmutzigen Gewässern,
wohlwissend dem Licht entgegenstrebend,
um sich in der Sonne in voller Pracht zu entfalten,
steigt die Lotusblüte empor.

Genau so ist es bei uns Menschen, wenn wir den Mut haben, durch die dunklen Trauertiefen zu gehen. Erst jetzt können sich innerer Friede und Versöhnung mit der Vergangenheit entfalten. Wir spüren wieder Lust am Leben.

Durch eigene Schicksalsschläge bin ich zu meiner Arbeit als Trauerbegleiterin gekommen. Und dann kam der Tag, an dem es mir größere Schmerzen bereitete, verschlossen zu bleiben, als zu wagen, mich zu öffnen. Der Weg durch die Trauer hindurch hat mir Kraft, Energie und Lebensfreude gegeben. Die Fähigkeit, andere Menschen auf ihrem Weg zu begleiten, habe ich nicht durch theoretische- und wissenschaftliche Studien erworben, sondern vor allem im Durchleben meiner eigenen Trauer. In meinen Seminaren gebe ich meine Lebenserfahrung sowie das Erlernte weiter.

Lass mich dir sagen:
In jedem von uns ist eine Blüte.
Nur haben viele Angst, sich zu öffnen,
und welken dahin,
ohne je zu voller Pracht erblüht zu sein.

Der Islam

Islam bedeutet Unterwerfung, völlige Hingabe unter den von Muhammad verkündeten Willen Gottes (Allahs). Es gibt niemanden, der seine Macht und Autorität mit ihm gemeinsam hat.

Der Glaube an das Paradies und an die Hölle gehört zu den sechs Glaubensartikeln, dem Glauben an das Jüngste Gericht, das eine Belohnung (Paradies) oder eine Bestrafung (Hölle) für das im Diesseits geführte Leben vorsieht. Das Leben im Diesseits wird als Übergangsphase und als Prüfung verstanden.

Der Tod gilt als Rückkehr zum Ursprung des Lebens. *Wir gehören zu Gott und zu Gott kehren wir zurück!* Trotzdem gelten besonders die ersten drei Tage nach dem Tod eines Verstorbenen als intensive Trauerzeit. Die Angehörigen sollen sich währenddessen nicht waschen und frisieren, keine Kleidung wechseln, fasten und die Spiegel verhängen. Beileidsbesuche erfolgen, doch die Trauer über den Verstorbenen soll sich in Grenzen halten.

Nach dem Ende der Trauerzeit besuchen Muslime das Grab und verzehren dort Süßigkeiten, um die erneute Integration ins Leben zu feiern. Die Gräber werden ausschließlich zu islamischen Festen aufgesucht.

Gebete spielen im Leben eines jeden Muslims eine wichtige Rolle. An jedem Tag sind besondere Gebetszeiten einzuhalten, um Gott nah zu sein und sich seine Gegenwart bewusstzumachen. Die Gebete bestehen aus Rezitationen aus dem Koran auf Arabisch und festgelegten Bewegungen: Stehen, Beugen, Niederwerfen und Sitzen. Alle Rezitationen sind ein Zeichen der Demut und Huldigung an Gott. Wenn sich Muslime zum Beten vorbereiten, richten sie ihre Gesichter nach Mekka, zur Heiligen Stadt. Am Ende jeden Gebetes wird die Schahada, das Glaubensbekenntnis, rezitiert sowie der Friedensgruß: *Friede sei mit euch allen und der Segen Gottes.*

Wenn du Muslim oder Muslimin bist, wirst du Kraft, Geduld und Trost aus deinem Glauben schöpfen und deinem Herrn und Schöpfer vertrauen, ihn um Hilfe und Unterstützung bitten, denn Allah gibt Leben und Tod, er ist der Erschaffer und Erhalter, der Allhörende und Allbarmherzige. Also vertraust du darauf, dass alles, was Allah dir auferlegt hat, gut für dich ist, selbst wenn die Weisheit dahinter für dich vielleicht im Moment nur schwer zu verstehen ist

Muhammad, der Prophet des Islam, sagte: *Lasst uns Entspannung und Freude im Gebet finden.*

Das Judentum

Die Juden warten auf den Messias, der ihnen den Frieden (Schalom) bringen soll. Mit Schalom sind darüber hinaus Wohlbefinden, Glück und Harmonie gemeint, und deshalb ist dieses Wort auch ein Gruß unter den Juden.

Liegt ein Mensch im Sterben, so treten die Mitglieder der „heiligen Gemeinschaft" (Chewra Kadischa) an sein Bett (Männer zu einem Mann, Frauen zu einer Frau) und halten Wache. Ist der Tod nah, so wird das jüdische Glaubensbekenntnis (Sch'ma Jisrael) gesprochen: „Höre Israel, der Ewige ist unser Gott, der Ewige ist einzig." Die Gemeinschaft kümmert sich dann um das Einkleiden in das weiße Totengewand (Sargenes) sowie um die Beerdigung. Das schlichte Totengewand ist für alle gleich und weist auf die fallenden sozialen Schranken nach dem Tod hin.

Der Tote soll innerhalb von drei Tagen bestattet werden, wobei nur eine Erdbestattung erlaubt ist. Männer dürfen den Friedhof grundsätzlich nur mit Kopfbedeckung betreten. Nach der Beerdigung beginnt die siebentägige Trauerzeit (Schiw'a). Sie wird mit dem Essen eines Hühnereis eingeleitet, das zuvor mit Asche als Zeichen der Trauer bestreut worden ist. Morgens und abends findet im Trauerhaus ein Gottesdienst statt, wobei die Trauernden das Gebet der „Heiligung Gottes" (Kaddisch) sprechen.

Wenn du Jude oder Jüdin bist, wirst du Kraft in deinem Glauben und den Trauerritualen finden. Du weißt, dass der Tod als Übergang von dieser Welt (ha-Olam ha-Ze) in die nächste Welt (ha-Olam ha-Ba) verstanden wird. Während der Schiw'a wirst du in deinem Schmerz nicht alleine sein, deine Familie, Freunde und andere Trauernde sind bei dir.

Eine kleine Geschichte, die Kraft gibt: Die Geschichte vom Bambus

Es war einmal ein wunderschöner Garten. Er lag im Westen des Landes mitten in einem großen Königreich. In diesem Garten pflegte der Herr des Reiches in der Hitze des Tages spazieren zu gehen. Ein edler Bambus war ihm das Liebste von allen Bäumen, Pflanzen und Gewächsen in seinem Garten. Jahr für Jahr wuchs dieser Bambus und wurde immer größer und schöner. Er wusste wohl, dass der Herr ihn liebte und seine Freude an ihm hatte. Eines Tages näherte sich der Herr nachdenklich seinem geliebten Bambus, und in dem Gefühl großer Verehrung neigte sich der Bambus zur Erde. Der Herr sprach: „Lieber Bambus, ich brauche dich". Es schien, als sei der Tag aller Tage gekommen. Der Tag, für den der Bambus geschaffen worden war.

Der Herr sprach noch einmal zu ihm: „Lieber Bambus, ich brauche dich." Der Bambus antwortete leise: „Herr, ich bin bereit! Gebrauche mich, wie du es willst."

„Bambus", die Stimme des Herrn war ernst, „um dich zu gebrauchen, muss ich dich beschneiden."

„Mich beschneiden? Mich, den du zum schönsten in deinem Garten gemacht hast? Nein, das bitte nicht! Verwende mich doch zu deiner Freude. Bitte Herr, beschneide mich nicht."

„Mein geliebter Bambus", die Stimme des Herrn wurde noch ernster, „wenn ich dich nicht beschneide, kann ich dich nicht gebrauchen."

Im Garten wurde es still. Der Wind hielt den Atem an. Tief beugte sich der Bambus. Dann flüsterte er: „Herr, wenn du mich nicht gebrauchen kannst, ohne mich zu beschneiden, dann tu mit mir, wie du willst, und beschneide mich."

„Mein geliebter Bambus", sagte der Herr, „ich muss dir auch deine Blätter und Äste abschneiden."

„Ach Herr, davor bewahre mich. Zerstöre meine Schönheit, aber lass mir doch, ich bitte dich, meine Blätter und Äste!"

Der Herr antwortete: „Wenn ich sie nicht abschneide, mein Bambus, kann ich dich nicht gebrauchen."

Die Sonne verdeckte sein Gesicht. Ein Schmetterling flog ängstlich davon. Und der Bambus, zitternd in der Erwartung dessen, was nun auf ihn zukam, sagte sehr leise: „Herr, schlage meine Blätter und Äste ab."

„Mein Bambus, ich muss dir noch mehr antun. Ich muss deinen Stamm teilen. Wenn ich das nicht tue, kann ich dich nicht gebrauchen."

Da neigte sich der Bambus bis hinunter auf die Erde: „Herr, schneide und teile."

So beschnitt der Herr des Gartens den Bambus. Er hieb ihm die Blätter und Äste ab und spaltete ihn in zwei Teile.

Dann trug er ihn dorthin, wo aus einer Quelle frisches, sprudelndes Wasser sprang, mitten in die trockenen Felder. Dort legte der Herr seinen Bambus vorsichtig auf den Boden. Das eine Ende des abgeschnittenen und gespaltenen Stammes verband er mit der Quelle, das andere führte er zu einer Wasserrinne im Feld.

Die Quelle sang ein Willkommen und das klare, glitzernde Wasser schoss freudig durch den zerschlagenen Körper des Bambus in die Wasserrinne und floss auf die dünnen Felder, die sehr auf dieses Wasser gewartet hatten. Es wurde Reis gepflanzt, die Tage vergingen, die Saat ging auf, wuchs, und die Ernte kam.

So wurde der einst so herrliche Bambus zu einem Segen, in all seiner Zerschlagenheit und Demut.

Als er noch groß und schön war, wuchs er nur für sich selbst und freute sich seiner Schönheit. Nun aber fühlte er in tiefer Dankbarkeit und Freude, dass er zum Kanal geworden war, den der Herr brauchte, um sein Reich fruchtbar zu machen.

Der Bambus sagt uns: *Sei nicht so hart, dass man dich brechen kann, und sei nicht so weich, dass man dich verbiegen kann.*

KAPITEL 9

Briefe von Seminarteilnehmer/innen

1. Zu den Seminaren:

Jeder Trauernde möchte in seinem Leid als einzigartig gesehen werden. Das wird er auch, selbst wenn er an einem Gruppenseminar teilnimmt. Gerade in einer gemischten Gruppe lernen die Teilnehmer viel voneinander und kommen so zu neuen Erkenntnissen, wie sie ihr Leben neu gestalten können. Sie verlieren das Gefühl, von der Gesellschaft isoliert zu werden. Trauernde haben keine Lobby! Auch deshalb empfehle ich gemischte Trauergruppen, weil sich der Einzelne darin integriert und nicht ausgegrenzt fühlt.

2. Motivationsbriefe:

Claudia P. aus Frankfurt/Main schreibt:

Liebe Frau Hillje,
vielen Dank für Ihren liebevollen Brief und die Infos zum Seminar „Trauer verarbeiten". Bei mir hat es im letzten Vierteljahr beruflich geboomt. Ich bin gefragt wie nie und hatte schöne lukrative Aufträge. Leider fehlt mir die Kraft, alles zu bewältigen, und ich musste einiges

an Kollegen abgeben. Ich möchte an Ihrem Seminar teilnehmen und hoffe, Sie können mir helfen. Ich bin ausgepowert und hatte seit drei Jahren keinen Urlaub mehr, weil meine Termine es nicht zugelassen haben. Nun werde ich Ihren Wunschbrief formulieren, warum ich am Seminar teilnehmen will, obwohl wir schon einiges am Telefon besprochen haben.

1. Ich nehme Abschied von Sven, 41 Jahre, Anwalt, er war mein Ex-Freund. Wir waren dreieinhalb Jahre zusammen. Er war ein Glücksgriff. Alles hat gepasst. Doch er hat sich während der Beziehung nicht „mit" entwickelt, zu zwei Drittel nicht. Meine Liebe zu ihm ist gestorben, so dachte ich. Wir trennten uns freundschaftlich am 1. Februar dieses Jahres. Er zog aus unserer gemeinsamen Wohnung aus und ging zurück zu seinen Eltern. Allein in meiner großen Wohnung und in Gesellschaft meiner zwei Katzen fühlte ich mich wohl. Am 27. August ist er jedoch durch einen Motorradunfall ums Leben gekommen, er lebte noch ein paar Tage, aber ich habe ihn nicht im Krankenhaus besucht. Seitdem geht es mir nicht mehr gut. Nachts, in den Träumen, es sind eher Albträume, sehe ich ihn immer wieder vor mir.

2. Ich nehme Abschied von Teilen von mir, die oberflächlich sind und das Wesentliche nicht sehen. Ich verabschiede den Teil Frau in mir, der von Männern missbraucht wurde. Die ihren Körper nicht liebt, schätzt und respektiert, die denkt, andere sind besser, klüger, schöner. Die sich im Geschäftsleben manchmal bei Männern nicht durchsetzen kann, dann aber anderen gerne auf die Füße tritt. Dem Teil Frau, der immer etwas an sich auszusetzen hat, obwohl es dafür keinen Grund gibt. Die Frau, die sich Fülle und Luxus versagt, die denkt, dass Geld nur durch harte Arbeit verdient werden muss. Die Frau, die gerne gibt, nicht annehmen kann und sich ausnutzen lässt. Die Frau, die ihrem Körper versagt, Lust zu empfinden und Lust bei der Liebe zu erleben. Von der Frau, die sich ihre Arbeit nicht angemessen bezahlen lässt.

Liebe Frau Hillje, von dieser Claudia werde ich mich in Ihrem Seminar verabschieden, weil ich die „andere" Seite in mir entdecken will. Ich will ein anderer Mensch werden. Ich bin gespannt auf das Seminar, auf Sie, auf die anderen netten Menschen und auf den Ort. Mit besten Grüßen, Claudia P.

Jannine B. aus einer Kleinstadt in Süddeutschland schreibt:

Tod meines Vaters/Sexueller Mißbrauch
Ich bin fünfunddreißig Jahre alt, Lektorin, geschieden und habe eine Tochter. Mein Vater ist vor sechs Monaten gestorben und nun arbeitet die Vergangenheit in mir. Ich möchte an einem Trauerseminar teilnehmen, um endgültig mit allen Gefühlen, Ängsten und negativen Erinnerungen, die durch den sexuellen Missbrauch meines Vaters in mir ausgelöst wurden, abzuschließen. Auch die Trennung von meinem Mann habe ich noch nicht überwunden. Ich war neun Jahre alt, als die sexuellen Handlungen begannen. Damals war ich noch nicht richtig aufgeklärt und durch die Handlungen meines Vaters sehr verwirrt. Zeitweise glaubte ich, dies sei ganz normal und alle Väter würden dies mit ihren Töchtern machen. Dagegen sprachen jedoch die Drohungen, die er für den Fall aussprach, dass ich mit jemandem über diese Dinge reden würde. Also habe ich geschwiegen, viel geweint, gebetet und mir Gedanken gemacht. Zu allen nur erdenklichen Tages- und Nachtzeiten hat er mir aufgelauert und mich gezwungen, ihn sexuell zu befriedigen. Besonders dann, wenn er betrunken war. Es war schrecklich! Ich ekelte mich vor ihm und ging ihm aus dem Weg, wo immer dies möglich war. Unsere Mutter nahm meine Veränderung wahr – ich wurde immer nervöser und verängstigter – und konnte sich keinen Reim darauf machen. Sie ging mit mir zum Arzt, der mich für sechs Wochen zur Kur schickte. Als ich dreizehn Jahre alt war, wurde unsere Mutter durch einen Vorfall (ich kann mich nicht mehr an die Details erinnern) misstrauisch und stellte mich zur Rede. Nachdem sie lange auf mich eingewirkt hatte, habe ich ihr schließlich alles erzählt. Viele

undurchsichtige Situationen aus den vergangenen Jahren, die sie in ihrem Tagebuch festgehalten hatte, wurden ihr nun durchsichtig. Ich war erleichtert, über alles sprechen zu können, und froh, dass sie mir glaubte. Meine jahrelangen Befürchtungen, dass sie alles wüsste und die Handlungen unseres Vaters befürworte, lösten sich in Luft auf und wichen einer grenzenlosen Erleichterung. Ich erzählte ihr alles, woran ich mich erinnern konnte, bis ins Detail. Inzwischen habe ich einige Bücher zu diesem Thema gelesen. Heute bin ich davon überzeugt, dass diese Wochen und Monate, in denen ich alles loswerden konnte, was mich drei Jahre lang belastet hatte, für mein „schulisches Überleben" notwendig war. Ohne meine Mutter, die jetzt gegenüber meinem Vater Druck ausübte und mich so vor weiteren Übergriffen schützte, hätte ich das alles sicher auf die Dauer nicht verkraftet. Mit meinem Vater habe ich dieses Thema leider nie aufarbeiten können. Ich habe immer – auch später als erwachsene Frau – Angst vor ihm gehabt und bin Situationen, in denen ich mit ihm allein sein musste, ausgewichen. Nach seinem Tod kamen viele Erlebnisse aus dieser schlimmen Zeit als Albträume zurück. Situationen, die ich glaubte vergessen zu haben, waren plötzlich wieder präsent. Danach kehrte etwas seelische Ruhe bei mir ein. Heute hasse ich ihn nicht mehr, sondern sehe ihn nur noch als Opfer seiner sexuellen Triebe, der therapeutische Hilfe benötigt hätte. Trotzdem fällt es mir immer noch schwer, über diese Erlebnisse zu sprechen. Meine Ehe ging in die Brüche, weil mein Mann einer anderen Frau begegnet ist, mit der er Sexualität so leben kann, wie er es sich immer gewünscht hat, was mit mir einfach nicht möglich war.

Anneliese S. aus Stuttgart schreibt:

Sehr geehrte Frau Hillje,
als gebuchte Teilnehmerin Ihres Seminars „Trauer verarbeiten und loslassen" schicke ich Ihnen heute meinen Motivationsbrief.

Am 18. März verlor ich plötzlich, durch einen tragischen Autounfall, meine 29-jährige Tochter. Fünf Jahre vorher verstarben mein Schwiegervater, der mit uns in einer Hausgemeinschaft lebte und ein Jahr lang ein Pflegefall war, und kurz darauf meine Mutter. Weitere menschliche schwerwiegende Verluste waren eine Schwester und eine alte Freundin in den beiden darauf folgenden Jahren. So kam eine Trauernachricht nach der anderen. Anfangs haben sich Freunde intensiv um uns gekümmert, das hat jedoch schnell nachgelassen, da wir natürlich nicht mehr so funktioniert haben wie früher. Mit einem unbewusst verstärkten Engagement im Beruf (Leiterin eines Kindergartens) habe ich versucht, die erste schwere Zeit zu schaffen – auch getragen von dem festen Glauben an eine geistige Welt. Kurz nach dem Tod meiner Tochter hatte ich eine Psychotherapie begonnen, aber bald wieder aufgegeben. Mir ging es immer schlechter. Dann bekam ich eine Kur (wegen meiner Rückenprobleme) in einer Klinik für Bewegungstherapie verschrieben. Ich traf dort auf eine Ärztin, die mir in vielen intensiven Gesprächen sehr weitergeholfen hat. Sie hatte Zeit für mich und ich konnte mich ihr anvertrauen. Das tat gut und ich dachte, jetzt geht es bergauf. Inzwischen lebt unsere zweite Tochter nicht mehr bei uns. Sie übt seit dem Abitur den Beruf der Flugbegleiterin aus und hat weder eine Lehre noch ein Studium begonnen. Eine Verlobung (nach drei Jahren Freundschaft) ist in die Brüche gegangen. Ich glaube, dass sie Probleme mit sozialen Bindungen hat. Auch den plötzlichen Tod ihrer älteren Schwester hat sie nie verwunden. Sie wollte aber auch keine professionelle Hilfe annehmen, obwohl es mehrere Angebote für sie gab. Ständig war sie in ihrem Zimmer und hat in der Vergangenheit gesucht. Hinzu kam eine Essstörung bei ihr, und ich machte mir in meiner ganzen Trauer große Sorgen um sie, da ich sie nicht auch noch verlieren wollte. Beides, der Verlust unserer Tochter, die kurz vor ihrem ersten Staatsexamen stand, und der aus meiner Sicht unbefriedigende Werdegang unserer zweiten Tochter lassen immer wieder Schuldgefühle in mir aufkommen, meinen beiden Kindern emotional nicht genügend gerecht geworden zu sein. Durch die Doppelrolle als Mutter/Hausfrau und berufstätige Frau, über weite Strecken mit voller Stundenzahl, was aus finanziellen Gründen erforderlich war, habe ich mich oft kräftemäßig überfordert gefühlt. Es blieb zu wenig Zeit für Entspannung, für die Familie und für mich schon gar nicht. Ich habe für die meisten Dinge die Verantwortung übernommen, auch, weil mein Mann sich diesen gerne entzog. Man sagte mir nach, stark zu sein, man klopfte mir auf die Schulter und bewunderte mich. Mit dem Tode unserer Tochter verlor ich diese Stärke und fand bislang keinen wirklichen Halt. Auch nicht in meinem Glauben. Seit meiner Pensionierung im Sommer wird mir alles stärker bewusst und ich erhoffe mir von Ihrem Seminar Hilfe, um meinem Leben wieder mehr Sinn zu geben. Mit freundliche Grüßen, Anneliese S.

Brigitte Z. aus Köln schreibt:

Sehr geehrte Frau Hillje,
am 7. September ist nach 1 ½- jähriger Krankheit mein geliebter Mann im Alter von fast 68 Jahren plötzlich verstorben. Ich selbst bin 59 Jahre alt. Das war ein ziemlicher Schock für mich und seitdem geht es mir sehr schlecht. Ich habe mich noch nicht davon erholt. Ich dachte immer, die Zeit heilt alle Wunden, bei mir ist das leider nicht so. Wir haben keine Kinder, auch sonst wenig Verwandte und Freunde. Mein Mann und die beiden Hunde, das hat mir immer genügt. Mehr brauchte ich nicht. Ich war auch schon über ein Jahr in einer Selbsthilfegruppe, die mir zwar zeitweilig geholfen hat, aber seitdem komme ich mir einsam und verloren vor. Ich kann mich nicht von der Garderobe meines Mannes und seinen persönlichen Dingen trennen; alles ist so, wie es immer war. Nur er ist nicht mehr da. Das macht mich zeitweise richtig wütend, auch wütend auf ihn, weil er sich so früh verabschiedet hat und ich jetzt alleine bin. Wir hatten so viele Pläne, was wir gemein-

sam im Alter machen wollten. Außerdem habe ich mit Tanzmusik ein Problem, die ich einfach nicht hören kann, ohne zu weinen. Die Erinnerung an unsere gemeinsame Musik tut einfach nur weh. Auch fehlt mir immer wieder die Kraft, meinen Haushalt in Ordnung zu halten oder mir etwas zu kochen. Ich war immer sehr gepflegt und gut angezogen, jetzt nicht mehr. Für was auch noch? Überhaupt ist der Tag für mich unerträglicher als der Abend; auch stört mich manchmal der Sonnenschein. Mein Hausarzt verschreibt mir Medikamente, ohne die ging es gar nicht. Ich hoffe, dass Ihnen diese Informationen zunächst genügen, und freue mich, Sie bald persönlich kennenzulernen. Herzliche Grüße, Brigitte Z.

Maria M. aus Leipzig schreibt:

Liebe Frau Hillje,
vielen Dank für Ihren einfühlsamen Brief, ich habe mich sehr gefreut, dass Sie sofort mit mir Kontakt aufgenommen haben. Selbstverständlich werde ich bis zum Seminar die Beruhigungstabletten nach und nach absetzen und dann mit diesem Medikament ganz aufhören, mein Arzt ist damit einverstanden.

Es ist in mir eine starke Verzweiflung, ich fühle mich schuldig am Tod meiner lieben Mutter, denke oft, nicht aufmerksam genug gewesen zu sein und vieles versäumt zu haben. Jetzt kann ich nichts mehr nachholen, das ist sehr schlimm für mich, und ich gestatte mir nicht einmal mehr zu lachen oder Freude zu empfinden. Ich verbiete es mir! Dann der Gedanke, wenn ich mich vielleicht besser, aufmerksamer meiner Mutter gegenüber verhalten hätte. Vielleicht wäre sie dann noch am Leben! Ich kann mit dieser Schuld kaum noch atmen und habe Beklemmungen in der Brust. Dies alles löst in mir eine so starke Gefühlsemotion aus, dass ich während des Tages große Mühe habe, meine Tränen zurückzuhalten. Ich könnte nur noch heulen und bin aggressiv gegen mich selbst. Meine geistige Leistung sowie meine Konzentration haben nachgelassen. Ich kann mir kaum noch etwas merken. In mir ist ein Trümmerhaufen und ein finsteres Loch zurückgeblieben. Frühmorgens ist es am schlimmsten. Meine Arbeit habe ich inzwischen verloren, mein Arbeitgeber sagte mir, dass ich nicht mehr tragbar sei und die Kollegen mit mir nicht mehr zurechtkämen. Nun habe ich aber zum Glück einen Lichtblick, zu Ihrem Seminar im Mai kommen zu können. Ich brauche Hilfe, das weiß ich, und ich will sie auch annehmen. Ich hätte längst bei Ihnen sein sollen, aber ich habe es immer wieder hinausgezögert und wollte alleine damit klarkommen. Hoffentlich ist es nicht zu spät. Wenn Sie der Ansicht sind, dass es wohl besser wäre, wenn alle Teilnehmer gemeinsam in dem Seminarhaus untergebracht sind, so versuche ich noch eine Umbuchung. Bitte geben Sie mir Bescheid, wie es am besten wäre.

Viele Grüße, Maria M.

2. Rückmeldungen, nachdem das Seminar seit drei Monaten beendet war:

Brigitte Z. aus Köln schreibt:

Liebe Heidemarie,
das Seminar war genau richtig für mich, es hat viel Positives bewirkt bei mir. Herzlichen Dank für alles, was du und die Gruppe bei mir bewirkt haben. Ich will jetzt selbständiger sein und trage für mein Wohlergehen die Verantwortung, das ist mir bewusst geworden. Für mich war das Beste in deinem Seminar die Übung „Ich bin Ich" – Ich habe noch viel zu lernen, das habe ich erkannt. Ich bin auch nicht mehr zornig auf meinen verstorbenen Mann und fühle eine große Liebe zu ihm. Was bleibt, ist die Liebe und viele schöne Erinnerungen mit ihm.

Mein erster Schritt nach dem Seminar war, mich in einer Tanzgruppe anzumelden. Herzlichst, Brigitte

Anneliese S. aus Stuttgart schreibt:

Liebe Heidemarie,
das Seminar hat mir Kraft gegeben. Ich fühle mich in meiner Wahrnehmung sehr verfeinert und fühle mich leichter. Die „Vergebungs-Übung" mit dem Ritual war für mich die Erkenntnis, zuerst mir selbst zu vergeben. Ich mache sie, so oft es geht, zu Hause und habe mir einen ganz persönlichen ruhigen Platz dafür eingerichtet. Den Schmerz über den Verlust meiner Tochter fühle ich immer noch sehr stark, aber er ist nicht mehr alleine da, es ist Liebe hinzugekommen, die sich immer mehr Raum nimmt. Eine andere Art Liebe als vorher, das sagt mir mein Herz. Es fließen auch noch viele Tränen bei mir, aber sie bestimmen nicht mehr meinen Tag. Ein bisschen stolz bin ich auch auf mich, dass ich mich zum Trauerseminar angemeldet habe, denn die Ängste vorher waren riesengroß. Mein Wunsch ist es, nach all den Jahren meine Pensionierung zu genießen und nicht in Trauer zu versinken. Wie du schon sagtest, das ganze Leben ist eine Übung des Loslassens bis zum Schluss, und die Natur hilft uns dabei. Deshalb gehe ich jetzt auch wieder jeden Tag raus und versuche Neues zu entdecken. Das ist ein Schritt nach vorne, sagt auch meine Ärztin. Ich danke dir für das Seminar, und als du mich so herzlich in den Arm genommen hast, spürte ich mich wieder, das tat einfach gut. Danke.
Herzliche Grüße, Anneliese

Rückmeldung der Teilnehmerin Jannine B.:

1. Was ist dir bewusst geworden?
Bei der Übung „das Totenschiff " habe ich mich von meinem Vater verabschiedet. Ich habe das Gespräch mit ihm geführt, das ich vor seinem Tod noch mit ihm führen wollte, wozu ich aber keine Gelegenheit mehr hatte, da er nicht mehr aus dem Koma erwachte. Mir ist bewusst geworden, dass ich ihn loslassen muss, damit ich selber Ruhe und inneren Frieden finde – aber auch, damit er im Tod seinen Frieden hat. Das kann ich jetzt! Ich fühle mich, als sei ich aus einem trüben See aufgetaucht in die klare Luft. Ich kann jetzt zu meiner Vergangenheit stehen. Sie ist ein Teil von mir und hat mit dazu beigetragen, dass ich so bin, wie ich jetzt bin. Ich sehe sie nicht mehr als Makel an, sondern als einen Lebensabschnitt, der mich hat wachsen lassen.

2. Wie fühlst du dich?
Vorher: Ich fühlte mich traurig und unsicher, ängstlich und wertlos. Ich war mir nicht sicher, ob ich mich in einer Gruppe öffnen kann.

Nachher: Ich fühle mich befreit und erlöst. Ich bin mir bewusst, einen großen Schritt getan zu haben. Ich weiß aber auch, dass ich noch einiges aufarbeiten muss, und nehme ab und zu Einzelstunden bei einer Psychologin.

3. Was hat sich bei dir verändert? Wie nimmst du dich wahr?
Antwort wie unter 1

4. Wie empfindest du die Gruppengemeinschaft?
Sehr intensiv. Ich fühle mich von der Gruppe geliebt und getragen.

5. Hat dir etwas gefehlt?
Nein.

6. Wie war die Seminarleitung?
Sehr einfühlsam und professionell.

7. Wie waren Essen und Unterbringung?
Sehr gut. Die Lage des Hauses fand ich für dieses Seminar optimal.

8. Anmerkung
Liebe Heidemarie – ich danke dir für alles. Ich hätte nie für möglich gehalten, dass das Seminar mich so voranbringen könnte.

NACHWORT

Das Leben wieder
als Geschenk annehmen

Es herrscht oft Unklarheit darüber, was Trauerarbeit eigentlich ist. Trauerarbeit bedeutet, trotz des Gefühlschaos, in dem sich ein trauernder Mensch befindet, seine geistigen Kräfte zu aktivieren. Trauerarbeit leisten sollte jeder aus einem Selbsterhaltungstrieb heraus und sich nicht in der Opferrolle für den Rest seines Lebens „versitzen", ein Ausdruck, den die Trauerforscherin Verena Karst geprägt hat.

Trauerarbeit ist Schwerstarbeit für die Seele, wie ich in meinem ersten Kapitel beschrieben habe. Trauer ist aber keine Krankheit und braucht nicht mit Medikamenten behandelt zu werden.

Trauern ist eine Fähigkeit, die uns von Natur aus mitgegeben wurde, um die Verluste im Leben zu verarbeiten. Trauernde Menschen brauchen vor allem Verständnis für ihre außergewöhnliche Situation, brauchen Wärme, Liebe und Mitgefühl.

Mit Trauerarbeit ist der Weg durch den Trauerprozess gemeint. Man kann die einzelnen Stationen vom zunächst „Nicht-wahr-haben-Wollen", von Orientierungslosigkeit, Wut und Neid sowie aufkommender Aggression bis hin zum Begreifen und Akzeptieren als Arbeitseinheiten verstehen. Der Lohn für diese Arbeit ist eine neue Identität. Ein Mensch, der wesentlicher und einfühlsamer geworden ist für alle Lebewesen. Ein Mensch mit Tiefgang. Ein Mensch, der Wichtiges von Unwichtigem unterscheiden kann. Es ist ein persönlicher Reifeprozess für jeden Einzelnen.

Wer sich diesem Prozess verschließt, verpasst etwas Wesentliches und Wichtiges in seinem Leben.

Da alte und wichtige Trauerrituale in unserem Kulturkreis in Vergessenheit geraten sind, ist die letzte vernünftige Alternative, ein Trauerseminar zu besuchen, um zu erlernen, wie man in Liebe Abschied nimmt und loslässt. Mit Gleichgesinnten und einer erfahrenen, liebevollen Begleitung ist das möglich. Vielleicht kommst du einmal in eines meiner Seminare oder besuchst das eines anderen Trauerbegleiters. Ich würde mich freuen, dich zu sehen. Ja, freuen! Ich übe meinen Beruf mit Freude aus und danke den Herausforderungen des Schicksals, die mich vorangebracht haben.

Ich habe dieses Buch aus dem Herzen heraus geschrieben. Es soll kein Vertröstungsprogramm sein, sondern menschliches Verständnis rüberbringen, und ich hoffe, es ist mir gelungen. Die Kraft, die ich mitbekommen habe und die ich weitergebe, ist die einer höheren Macht. Ich nenne sie Gott. Du wirst sie vielleicht anders nennen oder du schöpfst Energie aus der Natur in all ihrer Vielfalt oder in Ritualen, die dir wichtig sind.

Jede Jahreszeit hat ihren Zyklus, den wir annehmen und verstehen sollten. Ein Samenkorn wird gelegt, wächst und gedeiht, erblüht und welkt, bis es zu Boden fällt und vergeht – und wir wissen, dass wieder Neues entsteht.

In der Natur klappt es mit dem Werden und Vergehen. Wenn wir das auf den Menschen übertragen, klappt es scheinbar nicht so gut. Wir tun uns schwer mit dem Abschied und Neubeginn. Bei uns Menschen liegt die Problematik in der Trennung und der damit verbundenen Veränderung. Möge immer alles so bleiben, wie es ist – auf Ewigkeit. Doch das ist gegen die Gesetze der Natur und des Lebens. Auch im

Universum finden wir die Anziehungskraft und das Auseinandergehen.

Zwei Moleküle ziehen sich an, verbinden sich miteinander, schaffen etwas Neues und gehen wieder auseinander. Leben bedeutet immer Veränderung, nichts bleibt, wie es ist, alles ist im ständigen Fluss. Leider haben wir oft kein Vertrauen in die Göttlichkeit, die einiges für unsere persönliche Entwicklung bereithält. Wenn wir einen lieben Menschen durch Trennung oder Tod verlieren, dann herrscht Chaos in uns. In der Trauer fühlen wir uns kraftlos und es fehlt uns der Mut, unseren weiteren Lebensweg zunächst alleine weiterzugehen und neu zu gestalten. Oft kommt es zu einer Depression, der Volkskrankheit Nummer eins. Ganze Familien bleiben durch Trauerfälle in der Depression zurück, weil sie ihre Trauer nicht richtig verarbeitet haben. Und wer depressiv ist, dem fehlt die Lebendigkeit, der verliert seine Anziehungskraft, dem fehlt das Leben, die Liebe, das Lachen. Und um genau das geht es bei der Trauerverarbeitung. Zurückfinden in die ureigene Lebensfreude! Mir geht es auch nicht immer gut, aber ich habe gelernt, auf mich zu achten.

Eine heilsame Trauer zeigt sich, wenn wir die Trauer mit all ihren Phasen annehmen, wie ich es in den vorherigen Kapiteln immer wieder beschworen habe. Zeig deine Wut, deinen Zorn und Protest, zeig dein Unverständnis und deine Verzweiflung!

Viele Teilnehmer/innen aus meinen Trauerseminaren haben mir im Anschluss erleichterte Briefe geschrieben. Alles wurde wieder gut. Nicht so wie früher. Aber anders. In jedem Fall neu, interessant und lebenswert. Auch im Verlieren kann man Neues gewinnen.

Ich nenne die Trauer in meinen Seminaren deshalb die „Königin der Gefühle" oder auch die „Ur-Mutter der Gefühle". In der Trauer werden alle Ressourcen aktiviert, um die Kraft, die wir zur Unterdrückung der Trauer benötigen, in neue Lebensenergie umzuwandeln. Das ist möglich. Dieses Talent der Trauerfähigkeit ist in uns angelegt. Talente jedoch brauchen Zeit, um sich zu entwickeln.

Ein Trauerseminar ist ein kostbares Geschenk, das du dir machen solltest, wenn du den Weg nicht alleine gehen willst oder kannst.

Lass mich dich zum Abschied segnen: Gott möge sich vor dich in deiner Not stellen und dich begleiten in deiner Angst.

Ich wünsche dir von Herzen, dass dich Licht und Liebe auf deinem Weg begleiten mögen. Friede sei mit dir.

In Memoriam

Wie ist die Zeit vergangen,
seit du gestorben bist!
Ich spüre ein Verlangen,
das unerfüllbar ist,

die Sehnsucht, gutzumachen,
was falsch war und misslang,
zu weinen und zu lachen:
Ich liebe dich. Hab Dank!

Noch einmal mit dir sprechen,
gereift aus langem Weh,
den Baum des Schweigens brechen,
verstehender denn je.

Wie wäre es mit uns beiden,
wärst du noch auf der Welt?
Wie, zwischen Glück und Leiden,
wär es um uns bestellt?

Ein Trost wächst durch die Schwere,
ernüchternd wunderbar:
Es war so, wie es wäre,
es wäre, wie es war.

DETLEV BLOCK

ANHANG

Geschichten um Trauer, Liebe und Hoffnung

Andere Länder andere Sitten – Den Tod gemeinsam annehmen

Bali ist paradiesisch schön und mythenreich. Nach der balinesischen Vorstellung herrscht im Universum eine wohlgegliederte Ordnung. Himmel und Erde, Tag und Nacht, Götter und Dämonen, Sonne und Mond, Gut und Böse stehen sich gegenüber. Die entgegengesetzten Kräfte müssen gleichermaßen beachtet werden, und so huldigen die Menschen auf Bali sowohl den Göttern als auch den Dämonen. Harmonie ist den Balinesen wichtig. Sie versuchen erst gar nicht, die negativen Kräfte zu beseitigen, sondern lenken sie in Bahnen, die dem Wohle der Gemeinschaft dienen.

Der balinesische Hinduismus kennt fünf Grundprinzipien: Der Glaube an den einzigen Gott (Sang Hyang Widdhi), die Unsterblichkeit der Seele, das Gesetz des Karmas, die Wiedergeburt und die Wiedervereinigung mit dem „Ewigen Geist." Die meisten Balinesen sind Hindus. Naturgottheiten gehören zu ihrem Leben und werden hingebungsvoll verehrt. Alle wichtigen Lebensphasen eines Balinesen werden mit Ritualen bedacht. Die erste Zeremonie findet bereits vor der Geburt, im dritten oder vierten Monat der Schwangerschaft statt, und die letzte nach seinem Tod, denn die Verbrennung ist heilige Pflicht. Sie ist keineswegs eine Zeremonie der Trauer, sondern ein freudiges, farbenprächtiges Ereignis, bei der die körperliche Hülle des Leichnams vollständig vernichtet wird und die Seele nun bereit ist für den Aufstieg in den Himmel.

Es war noch früh am Morgen, etwa kurz vor sechs, als ich alleine den Strand von Kuta entlangging, um den Sonnenaufgang zu begrüßen. Zuerst fielen mir die wild streunenden Hunde auf, die nach Essbarem suchten, dann kam mir eine Prozession entgegen. Beim Näherkommen erkannte ich eine Gruppe Frauen in langen, bunten Sarongs und breiten Schärpen über den farbenprächtigen Blusen, angeführt von zwei Brahmanenpriestern, ganz in Weiß gekleidet. Einer der Priester trug eine Opferschale mit Blumen, Früchten und Räucherwerk vor sich her. Die Frauen hatten sich weiß-gelbe Frangipani-Blüten ins Haar gesteckt. Ihre gerade Haltung, ihre hocherhobenen Köpfe und der ruhige, würdevolle Gang faszinierten mich.

Die Prozession stoppte und alle knieten im Sand nieder, die Hände vor dem Gesicht zum Gebet gefaltet.

Die Atmosphäre in diesen Minuten des goldgelben Sonnenaufgangs über dem Meer und die dazu betenden Menschen am Strand waren von einer ganz besonderen Energie und Stimmung geprägt – still, bedächtig, und doch lag ein angenehmes Erwarten in der Luft.

Die Priester begannen ein Kraftfeld mit ihren mitgebrachten Utensilien aufzubauen. Ein Tuch wurde auf die Stelle im Sand gelegt, die sie vorher mit einem kleinen Besen gereinigt hatten. Ein leiser Singsang begleitete sie dabei. Alle saßen oder knieten mit dem Körper dem Meer zugewandt. Die Räucherstäbchen wurden angezündet und der Rauch stieg gen Himmel. Die Gebete wurden lauter. Nun erhob sich einer der weißgekleideten Priester und ging mit zwei Frauen aus der Gruppe, die Opferschale vor sich hertragend, bis zu den Knien ins Meer. Jede der beiden Frauen nahm nun eine Handvoll Asche von der

Schale und streute sie in den Wind und ins Wasser. Der Priester betete laut dazu. Bedächtig gingen die drei zum Strand und zur Gruppe zurück. Dort angekommen, erhoben sich die beiden nächsten Frauen und wurden von dem Priester zum Meer geführt, das ging so lange, bis alle Frauen im Meer gewesen waren. Manche weinten, als sie zurückkamen, und wurden von den anderen getröstet. Manche wirkten erleichtert, gelöst und gefasst.

Ich begegne auf meinen Fernreisen den Menschen mit Respekt und versuche, mich auch in meinem Äußeren anzupassen. So trug auch ich an jenem Morgen einen langen Sarong, eine zusammengenähte Stoffbahn, die durch einen Knoten vor dem Bauch gehalten wird, ähnlich einem Wickelrock. In gebührendem Abstand kniete ich im Sand und verfolgte, wie der Priester, der die Frauen ins Wasser begleitet hatte, den nun wieder knienden Frauen jeweils eine Blume in die Hand gab. Langsam erhoben sich alle, stellten sich zu dritt hintereinander auf, mit der Blume in ihren betenden Händen, und folgten den vorausgehenden Priestern den Weg am Strand zurück. Dies alles geschah mit so viel Würde und Achtsamkeit, dass ich sehr ergriffen und dankbar war, diesem Trauerritual beiwohnen zu dürfen. Denn das war es: Ein traditionelles Treffen der Witwen, deren Männer innerhalb des letzten Jahres verstorben waren und die aus allen Teilen der Insel angereist waren, um den Jahrestag gemeinsam zu begehen. Sie ließen mit diesem Trauerritual die Seelen der Verstorbenen los, nahmen den Tod an, so wie jeder Sterbende seinen Tod annehmen muss und sich nicht dagegen sträuben darf. Es war auch ein Ritual des Besänftigens. Die verstorbene Person verschwindet zwar aus dem Blickfeld der Familie, ist jedoch als Ahne ständig präsent. Deshalb muss sie mit entsprechenden Riten begleitet werden, die sie von ihrem Totendasein befreit, sonst besteht nach dem Glauben der Hindus die Gefahr, dass der Verstorbene als Geist, als rastlose Seele, zurückkommt und seinen Angehörigen Schaden zufügt.

Monsterwelle

An den Thailändern gefällt mir ihr Lächeln, dem man allerorts und zu den verschiedensten Anlässen begegnet. Das Lächeln einem fremden Menschen gegenüber geschieht oft aus einem Wohlwollen heraus. Unterläuft einem Thai ein Fehler, so lächelt er, was gleichzeitig „Ich bitte um Entschuldigung" bedeutet. Gibt es Unstimmigkeiten oder kommt es gar zu einem Streit, wird mit einem Lächeln versucht, die Situation zu entschärfen. Kaum jemand kann sich einem Lächeln entziehen, und vermeintliche Missgeschicke werden so schnell verziehen.

Es gibt noch etwas, was mir gefällt. Es ist der Wai, der traditionelle Gruß, bei dem die beiden Handflächen mit ausgestreckten Fingern aneinandergelegt und in etwa Brusthöhe angehoben werden. Dabei senkt sich der Kopf in Richtung der Hände. Diese Geste ist wichtig im täglichen Umgang und zeigt den liebenswerten und höflichen Menschen. Denn Thailänder sind friedliebend und für ihre Toleranz und Gastfreundschaft bekannt. Die meisten von ihnen sind Theravada-Buddhisten.

Darüber dachte ich nach, als ich am 23. Dezember 2004 in einer hübschen Hotelanlage in Hua Hin auf meinen Mann wartete, der geschäftlich in Kuala Lumpur zu tun hatte und mit dem ich mich am Abend treffen wollte. Ich nutzte den Tag für mich, hing meinen Gedanken nach und meditierte. Nachdem Carsten eingetroffen war und ich ihn an meiner Seite wusste, ging ich mit einem wohligen Gefühl zu Bett. In mir waren Ruhe und Frieden an diesem Vorweihnachtsabend, den ich nicht im verschneiten Deutschland, sondern in tropischen Gefilden verbrachte. Ich war glücklich.

In der Nacht träumte ich. Ich erinnere mich an die Unruhe, die ich auf einmal verspürte, und an einen Engel, der vor einem großen Tor stand, dieses öffnete und das Licht zu mir hereinließ. Ein gleißendes Licht, kaum auszuhalten. Der Engel schaute ernst, so ernst. „Sei achtsam zu dir", sagte er. „Pass auf, du musst aufpassen, hörst du?"

In dem Moment erkannte ich einen weiteren Engel, meinen Schutzengel wahrscheinlich, denn er stand an meiner Seite. Und plötzlich, in weiter Ferne, nahm ich den sogenannten Todesengel wahr. Er sah mich besorgt an und wandte sich dann ab, während der erste Engel das Tor wieder schloss.

In der Nacht erwachte ich und dachte: „Na, so was! Worauf soll ich aufpassen? Ich bin hier doch bestens behütet." Und was hat es überhaupt mit den Engeln auf sich? Gibt es sie wirklich, diese Führungs-, Schutz- und Todesengel, diese Wesen, die auf der feinstofflichen Ebene an der Seite eines jeden Menschen stehen sollen, ihm seinen Willen lassen, aber nur eingreifen, wenn man sie ausdrücklich ruft?

Ich wollte mich zu keinem übereilten Urteil hinreißen lassen und schrieb den Traum zunächst einmal auf.

Den Abend des 24. Dezembers verbrachte ich mit meinem Mann in einem landestypischen Restaurant, und später ließen wir von der Terrasse des Hotels aus das Panorama von Palmen, Sternen und endlosem Himmel auf uns wirken. „Komm, wir nehmen noch einen Drink an der Bar", sagte Carsten. Wir wollten am übernächsten Morgen mit dem Mietwagen nach Khao Lak fahren und unseren Ausflug besprechen.

Während ich den bestellten Drink an mich nahm und eine Hand auf die Lehne des Barhockers legte, durchfuhr mich ein schneidender Schmerz. Ich trug offene Schuhe und hatte mir aus unerklärlichem Grund meinen großen Zeh angehauen.

„Wie dumm von mir", dachte ich und versuchte, den Schmerz zu ignorieren. Doch mein Mann hatte das Malheur erkannt und meinte mit Kennermiene, dass der Fuß anschwellen und dick werden würde.

Tatsächlich humpelte ich später barfuß zum Strand. Den Blick auf das nachtschwarze Meer, in dem sich die Sterne spiegelten, wollte ich mir nicht nehmen lassen.

„Wo ist es denn, wo ist das Meer?", rief ich erstaunt aus, weil es nicht da war, nur ein ungewöhnlich breiter Strand.

„Das hat sicher mit dem Vollmond zu tun", meinte Carsten, doch an seinem Stirnrunzeln sah ich, dass ihm das nicht geheuer war. Wir fuhren seit fünfzehn Jahren um die gleiche Jahreszeit an diesen Ort und hatten das Meer noch nie so erlebt.

Am nächsten Tag schonte ich meinen Fuß, blieb im Hotel und hoffte, schnell wieder fit zu sein. Doch in der Nacht schwoll er weiter an, und als mein Mann am Morgen des 26. Dezembers mit dem Mietwagen bereitstand, war klar, ich würde nicht mitfahren können.

Der Hotelarzt stellte einen angebrochenen Zeh fest. Keinesfalls dürfe ich nach Khao Lak fahren, sagte er, ich müsse das Bein hochlegen und solle es nicht belasten.

Carsten wollte den Ausflug nicht ohne mich machen und so verbrachten wir den Vormittag gemeinsam im Hotel und nahmen gegen Mittag einen Imbiss im Restaurant ein. Auf einmal wurde es unruhig um uns herum, die lächelnden Gesichter der Thai-Angestellten gefroren förmlich, und schrille Stimmen drangen vom Garten zu uns herein. Durch die große Glastür sahen wir den Manager des Hotels mit versteinertem Gesicht auf uns zukommen. In der Regel wechselten wir einige Worte, wenn wir uns sahen, an jenem Mittag blieb er mit Tränen in den Augen vor uns stehen, brachte kein Wort heraus. Das Entsetzen war ihm ins Gesicht geschrieben. Was war passiert?

Um 10.15 Uhr des 26. Dezembers 2004 hatte ohne Vorwarnung ein Tsunami, eine sogenannte Monsterwelle, die durch ein Seebeben auf dem Meeresgrund ausgelöst worden war, Khao Lak zerstört – die Auswirkungen waren bis zu uns zu spüren, wenn auch in abgeschwächter Form. Während in Hua Hin die Flutwelle nur wenige Meter über den Strand gespült wurde, wurden in Khao Lak an dem 25 Kilometer langen Strandabschnitt bis Bang Sak Beach 90 Prozent aller nahe liegenden Hotels zerstört. Da der Strand dort bis weit ins Meer sehr flach verläuft, konnte sich die Welle hoch aufbauen. Augenzeugen sprachen später von einer Höhe von stellenweise 15 Metern. Es gab viele Tote und Verletzte, Trauer, Elend und Leid.

Wie wir später erfuhren, hatten die Behörden zunächst versucht, die Katastrophe geheim zu halten, um die Touristen in den angrenzenden Gebieten nicht zu verunsichern. Trotzdem sickerte nach und nach das Unfassbare durch und gelangte schließlich auch zu uns.

Ich dachte, dass es nicht schaden könnte, meinen vermeintlichen Engeln einen Dank auszusprechen, was ich auch tat. Dass wir wegen meines angebrochenen Fußes den Ausflug hatten absagen müssen, hatte Carsten und mir vielleicht das Leben gerettet.

Als wir wenige Tage später die letzte Nacht in einem Hotel in Bangkok verbrachten, wo zahlreiche Verletzte aus der zerstörten Region mit Taxis angereist waren, um dem Chaos zu entfliehen, schenkte ich allen Angestellten ein dankbares Lächeln. Dem Schicksal gegenüber verbeugte ich mich mit einem Wai, legte die Handflächen mit ausgestreckten Fingern etwa in Brusthöhe zusammen und senkte den Kopf in Richtung der Hände.

Ein Gedanke, geboren aus tiefstem Chaos

Der Tsunami hatte am 26. Dezember 2004 in Thailand nicht nur Küstenregionen zerstört, er hat viele Menschen verändert und ihre Seelen verwüstet. Carsten und ich standen selbst noch unter Schock, als wir an Silvester von Bangkok aus unsere Heimreise antraten. Der Flughafen war überfüllt von Menschen, die aus der Tsunamiregion geflüchtet waren und nach Hause wollten. Sanitätsrettungsdienste bahnten sich mit Blaulicht auf den Zufahrtsstraßen ihren Weg, um vor den Eingängen die Verletzten auf Bahren auszuladen. Viele Flugpassagiere weinten, hatten kein Gepäck mehr, und ihr einziger Besitz war oft nur das, was sie am Leibe trugen. Ich sah Verletzte, die sich auf Krücken fortbewegten, Schwerverletzte, die stumm auf Tragen lagen. Traumatisierte, die ihre Angehörigen verloren hatten, umherirrten und sie verzweifelt suchten.

In der Maschine nach Frankfurt war nur ein Arzt an Bord. Was anderes sollte er tun, als den Verletzten Valium zu spritzen. Ich gab mich als ausgebildete Trauerhelferin zu erkennen, versuchte, den Verzweifelten Kraft und Energie zu geben. Einigen legte ich für einen Moment mein Amulett aus Jade um, das mir ein buddhistischer Mönch bei einem Ritual geweiht hatte, mit anderen betete ich. Immer wieder dachte ich an meinen Traum und die drei Engel, die mich gewarnt hatten. Dieser Gedanke gab mir Kraft, die ich während des Zwölfstundenfluges an die traumatisierten Passagiere weitergeben konnte.

Wieder zu Hause waren meine Sinnesorgane wie narkotisiert. Ich schmeckte nichts, konnte keine Gerüche mehr wahrnehmen und bewegte mich, als trüge ich Zementsäcke auf meinen Schultern. Selbst Musik, die mich früher tief in meinem Inneren erreicht hatte, war weit weg für mich. Schlaflosigkeit und Albträume wechselten sich ab. Die Bilder der Verletzten stiegen immer wieder in mir auf. Auch meine eigenen Trauergefühle und Erinnerungen aus längst vergangener Zeit kamen wieder hoch und zermürbten mich.

Ich dachte über den Tod nach, dachte an die Trauernden, die ihre Liebsten verloren hatten und nicht wussten, wie es ohne sie weitergehen sollte. Ich dachte an die Verletzten, die zu Schwerbeschädigten geworden waren und dadurch ihre Arbeit verlieren würden. Wieder andere würden nicht trauern können, da ihre nächsten Angehörigen noch vermisst wurden. Die Ungewissheit für sie war zerstörend, und die Hoffnung, dass sie doch noch gefunden würden, war wie ein Strohhalm, an den man sich zwar klammern konnte, der aber letztendlich knicken würde.

All diese Gedanken kosteten mich viel Kraft, und ich überlegte einerseits, wie man den Trauernden helfen könnte, und anderseits, wie ich selbst mit diesem Erlebnis fertig werden würde.

Das Chaos in mir war groß, und doch erwachte ich eines Morgens mit nur einem Gedanken. Er war vollkommen klar, die Idee logisch, und die notwendigen Schritte dazu würden mit entsprechender Disziplin gut umzusetzen sein: Ich würde für Trauernde ein Buch schreiben über den Trauerschmerz und seine Verarbeitung!

Mein erstes Buch „Trauern. Wie ich mir selbst und anderen helfen kann" erschien dann auch 2007 im Pro Business Verlag. Und wie ich meine eigenen Probleme in den Griff bekam, das ist eine andere Geschichte.

Alles verloren in der Tiefe des Meeres – Eine Trauerbegleitung

Was Leon charakterisierte, waren seine wachen Augen. Sie schienen alles zu erfassen und nichts entkam ihnen. Er liebte die Frauen und besonders für seine Mutter empfand er tiefste Bewunderung. Er war das Resultat einer Vergewaltigung während des Krieges, eines Russen wahrscheinlich, seinen Vater hat er nie gekannt. Seine Mutter hat ihn das niemals spüren lassen und ihn angenommen, als wäre er ein Kind der Liebe. Sie hatte es schwer, Leon und seine drei Geschwister als Kriegerwitwe großzuziehen. Ich glaube, er wollte sich erkenntlich zeigen, zumindest seiner Mutter keine weiteren Sorgen bereiten und strengte sich in der Schule mächtig an. Zur See wollte er einmal fahren. Kapitän werden. Seine Mutter sollte stolz auf ihn sein.

Während seine Schulfreunde mit Autos spielten, beschäftigte er sich mit Schiffen. Später saß er über Atlanten, suchte den Indischen Ozean, das Chinesische Meer und die Karibik. Er verstand bald die Gezeitenkräfte durch Anziehung des Mondes, sah das Meer als Nahrungsquelle und wichtigen Wirtschafts- und Lebensraum. Als junger Mann ging er nach dem Abitur an eine Seefahrtschule, heuerte auf einem Schiff an und machte später sein Kapitänspatent. Und weil er die Frauen und das Meer liebte, verstand er beides mit wunderbaren Worten zu beschreiben.

Er war oft im Indischen Ozean unterwegs. Die indische Frau in ihrer Schönheit faszinierte ihn, ihr gebräunter Teint und die langen, schwarzen, seidig glänzenden Haare. Ich glaube nicht, dass er ein Pascha war, denn für Frauen gibt es in der indischen Gesellschaft einen Verhaltenskodex. Doch es gefiel ihm, dass indische Frauen von den (indischen) Männern nicht viel erwarteten. Eigentlich gar nichts. Das gab ihm als Mann eine gewisse Gelassenheit und setzte ihn nicht unter Druck.

Er verliebte sich dann auch in eine indische Tempeltänzerin namens Abha, was übersetzt „glänzende Schönheit" heißt. Sie war so schön, wie ihr Name es verhieß, doch eigentlich war sie noch viel schöner, unbeschreiblich. Sie tanzte den Bharatanatyam, als er sie zum ersten Mal sah, ein Abbild des ewigen kosmischen Tanzes und Ausdruck der Sehnsucht des Menschen nach Vereinigung mit dem Absoluten. Das faszinierte ihn. Er heiratete die bildhübsche und sanftmütige junge Frau und ließ sich in der Nähe von Negombo, an der Westküste Sri Lankas, nieder. Seine Anstellung bei der Reederei kündigte er, um sich gemeinsam mit einem wohlhabenden Freund selbstständig zu machen. Sie wollten mit einem eigenen Schiff Touristen die Schönheit des Meeres zeigen.

Die Finanzierung der 16-Meter-Motor-Segelyacht für Leons neue Existenz als „Skipper" war nicht ganz einfach. Ohne die finanziellen Einlagen seines Freundes und dessen Wort bei der Bank für die Restfinanzierung hätte es nicht geklappt. Die Versicherung für ein solches Schiff ist hoch und manchmal kam es vor, dass er die halbjährliche Rate nicht pünktlich bezahlen konnte.

Doch das war „nur" Geld. Das wirklich Wichtige in Leons Leben stimmte. Er hatte alles erreicht, was er erreichen wollte, war glücklich mit seiner sanftmütigen Frau Abha und den zwei Hauskatzen Baja und Bakul, die seit geraumer Zeit bei ihnen lebten und mit zur See fuhren, wenn sie Chartergäste hatten. Auch mit seinem Freund Kevin verstand er sich, seinem Geschäftspartner und Bürgen. Leon fand, er hatte Glück, großes Glück, und er war dankbar für das Leben, das er führen durfte.

Diese Demut dem Leben gegenüber war ein angenehmer Charakterzug Leons, schützte ihn jedoch nicht vor der rauen Wirklichkeit. An dem Tag, als er mit sechs Chartergästen, seiner Frau, den beiden Katzen und seinem Freund Kevin im Golf von Mannar segelte, dachte niemand an ein Unglück. Sie hatten die Nordwestküste Sri Lankas erreicht, das von tamilischen Rebellen besetzt war. Als der erste Schuss fiel, waren sie sich keiner Schuld bewusst. Sie hielten genügend Abstand, segelten in keinem als „gefährlich" ausgezeichneten Gebiet. „Damit haben wir nichts zu tun, der Warnschuss muss jemand anderem gelten", sagte Leon zu Kevin, der neben ihm stand und die Küste mit einem Fernglas absuchte. Woran es lag, dass das Schiff trotzdem der Küste zudriftete, kann heute nicht mehr eindeutig gesagt werden. Alles geschah in Bruchteilen von Sekunden, ein weiterer Schuss, eine Explosion, Feuer überall. Ohne wirklich zu begreifen, was gerade passiert war, machte Leon in einem Automatismus das Dingi los, ließ es zu Wasser und zog die Körper derer, die er zu fassen bekam, in das kleine Boot. Es waren nicht viele, nur zwei. Alle anderen waren mit dem Schiff untergegangen, zumindest das, was von den zerfetzten Leibern übrig geblieben war.

Nach wenigen Stunden starb der Erste, den Leon gerettet hatte, ein amerikanischer Tourist, einen Tag darauf der Zweite. Er lag alleine in dem Boot mit einer Schussverletzung am Arm, Brandwunden an Armen und Beinen, und nah am Verhungern und Verdursten. Das war schlimm. Aber das Schlimmste war das Schweigen, die Stille um ihn herum. Es gab keine Melodie mehr in seinem Herzen, und das Schlagen der Wellen an das Dingi empfand er als bedrohlich.

Wie viele Tage er ohne Wasser und Nahrung auf dem offenen Meer dahingedümpelt war, konnte er nicht sagen, als der Erste Offizier eines Kreuzfahrtschiffes das Boot und den verletzten Leon entdeckte. „Hallo, hallo, can you hear me?", rief der Mann von der Reling aus. Er erhielt keine Antwort.

Es war ein schlechter Zeitpunkt, um den Mut zu verlieren, so kurz vor der Rettung. Aber Leon wollte nicht gerettet werden, er wollte sterben wie seine geliebte Frau, sein Freund, die sechs Touristen und seine Katzen. Er dachte, es sei gut, diese Welt zu ignorieren, doch sie ließ es nicht zu. Er wurde gerettet – nach genau sieben Tagen auf dem Meer und kurz vor dem Verdursten –, wurde in eine Spezialklinik nach Kalkutta geflogen und schließlich geheilt. Sein Körper war genesen, doch seine Seele war zu Stein geworden. Er nahm sein Leben wieder in die Hand, er hatte keine andere Wahl, ging zurück nach Negombo. Er brauchte Geld und nahm als Erstes Kontakt zur Versicherung auf. Diese verweigerte eine Zahlung, weil die Versicherungsprämie nicht rechtzeitig bezahlt worden war. Die Bank verlangte ihr Geld zurück, weil sein Freund, der für die Finanzierung gebürgt hatte, verstorben war und nun keine Sicherheiten mehr vorlagen. Er wusste nicht mehr, wie er seine Verzweiflung über den Verlust seiner Frau und all der Menschen, für die er Verantwortung getragen hatte, bekämpfen sollte. Dass ihm zusätzlich die Versicherung sowie die Bank seine Existenzgrundlage nahmen, war unerträglich. Er wünschte sich den Tod, doch er kam nicht. In seiner Hoffnungslosigkeit kehrte er nach Europa zurück, tauchte in der Schweiz unter und verkaufte seine Geschichte an einen bekannten Fernsehsender. Von dem Geld konnte er eine Zeit lang leben, auch wenn er offiziell keines besitzen durfte. Er belegte Seminare, um sich als Ausbilder für angehende Kapitäne schulen zu lassen, die er später auch unterrichtete. Man sah ihm sein Schicksal nicht an. Seine Augen waren wieder wach und neugierig, nur sein Inneres war verkrustet und er ließ niemanden an sich heran.

Etwa zu diesem Zeitpunkt lernte ich ihn gemeinsam mit meinem Mann in Zürich kennen. Es war auf einer Schifffahrt auf dem Zürichsee, wo

Leon mit zwei seiner Kapitänsanwärter die Praxis probte. Ich weiß nicht mehr, wie wir ins Gespräch kamen, aber als wir uns verabschiedeten, gab er mir seine Telefonnummer und bat mich, ihn anzurufen, wenn ich wieder einmal ein Seminar veranstalten würde. Ich hatte erzählt, dass ich Trauerbegleiterin sei, und er hatte überrascht reagiert. „Dass ich Ihnen begegnet bin, ist unfassbar", hatte er gesagt. „Sie hat mir das Schicksal geschenkt."

Es dauerte einige Zeit, bis ich ihn anrief. Es war der 9. August. Als er das Telefon abnahm und ich mich mit Namen gemeldet hatte, war es einen Moment lang still in der Leitung. Zuerst dachte ich, ich hätte einen schlechten Zeitpunkt erwischt und würde ihn stören, doch dann floss es aus ihm heraus: „Dass Sie mich heute anrufen! Dass Sie mich ausgerechnet heute anrufen …" Er wirkte fassungslos und verstört. „Heute ist der 9. August und es ist 11.15 Uhr. Vor genau drei Jahren um die gleiche Zeit wurde ich aus dem Meer gefischt." Ich kannte damals seine Geschichte noch nicht und nahm es so hin. „Ich glaube, dass es keine Zufälle gibt", fuhr er aufgeregt fort. „Sie sind wirklich mein Schicksal."

Wir sahen uns nach drei Monaten bei einem meiner Seminare zur Trauerverarbeitung wieder. Zunächst bezog ich Leon in eine Gruppe ein, später gingen wir in Einzeltherapie, die sich insgesamt über ein halbes Jahr erstreckte. Ich erinnere mich noch gut an seine Haltung, seinen geraden Rücken. Natürlich, er war Marineoffizier und Kapitän gewesen. Trotzdem drückte seine Körpersprache eine große Angst und Vorsicht aus. Ich möchte hier nicht in Details der Betreuung gehen, nur so viel: Geholfen hat Leon neben den zahlreichen Gesprächen, die wir führten, eine Psychodrama-Aufstellung. Die Kartharsis (griechisch: die Reinigung), wenn man so will. Sie bezeichnet in der Psychologie die Hypothese, dass das Ausleben von inneren Konflikten und verdrängten Emotionen zu deren Reduktion führt. So habe ich ihn in einem Rollenspiel sein Schiff sein lassen. Er war das Schiff und wurde zerstört! So ein Rollenspiel ist heikel und kann erst herangezogen werden, wenn ein großes Vertrauen zwischen Trauerbegleiter und Trauerndem besteht. Nach und nach ging ich mit ihm tief in seine seelischen Abgründe, dort lag sein Problem, dort lag der Knackpunkt. Geholfen hat Leon auch, der kein gläubiger Mensch ist, das Gesetz von Ursache und Wirkung, Karma. Die Lebensphilosophie des Buddhismus geht davon aus, dass alles, was wir tun, sagen und denken, unausweichliche Folgen hat. So hält er es für möglich, dass er aus früheren Leben „unheilsame Taten" abzutragen hat. *Heute säen wir die Samen für unsere Zukunft.* Diese Haltung war ihm für sein weiteres Leben nützlich. Er ging wieder ans Meer, diesmal ans südchinesische. Er lebt heute in der Nähe von Hongkong.

Anmerkung:
Leon, wie der Protagonist dieser Geschichte heißt, ist ein Pseudonym. Alle Namen, Orte und weiteren Merkmale wurden zum Schutz der Persönlichkeit geändert.

Hilfreiche Adressen und Angebote für die Trauerarbeit

Heidemarie Hillje
Persönlichkeitstrainerin
Trauerseminare. Begleitung
und Unterstützung für Menschen
in Lebens- und Trauerkrisen.
www.hillje-seminare.de
E-Mail: heidi.hillje@online.de
Telefon: 0661-3803361

Caritasverband
für Stadt und Landkreis Fulda e. V.
Wilhelmstr. 8
36037 Fulda
Telefon: 0661-2428-300

Hinterbliebene nach Suizid
Dr. phil. Gretel Winterling
Kurmainzer Str. 19
61462 Königstein/Taunus
Telefon: 06174-21333

Malteser im Bistum Fulda
Koordinatorin: Mechthild Buchner,
Telefon 0661-86977-16
www.malteser-fulda.de
E-Mail: mechthild.buchner@maltanet.de
Montag bis Freitag von 09.00 -12.00 Uhr

Trauerhilfe Fulda
Gesprächsangebote, Trauerseminare,
Gesprächskreise für Trauernde.
Helene-Weber-Haus,
Telefon: 0661-928430

Telefonseelsorge Fulda
Telefon: 0800-1110111 oder 1110222

Klinikseelsorge Klinikum Fulda
Telefon: 0661-845001

M.I.T. Münchner Institut
für Trauerpädagogik
Weiterbildung, Supervision und Beratung
für Menschen, die beruflich oder ehrenamt-
lich mit der Bewältigung von Krisen- und
Abschiedssituationen befasst sind.
Trauerbegleitung für Betroffene.
Grabmannstr. 19
81476 München
Telefon/Fax: 089-74548120
www.mit-institut.de
E-Mail: info@mit-institut.de

AETAS
Lebens- und Trauerkultur – Bestattungen,
Begleitung durch alle Lebensabschnitte.
Baldurstr. 39
80638 München
Telefon: 089-1592760
Fax: 089-15927620
www.aetas-trauerkultur.de
E-Mail; info@aetas.de

Christopherus Akademie für Palliativ-
medizin, Palliativpflege und Hospizarbeit.
Aus-, Fort- und Weiterbildung im Bereich
Palliative Care.
Marchioninistr. 15
81377 München
Telefon: 089-7095-7930
Fax: 089-7095-7939
www.apph.org
E-Mail: info@apph.org

Die Arche e. V. –
Suizidprävention und Hilfe in Lebenskrisen
Viktoriastr. 9
80803 München
Telefon: 089-334041
Fax: 089-395354
www.die-arche.de
E-Mail: info@die-arche.de

AMB – Akademie für Menschliche Begleitung
Trauerseminare, Fortbildungen
Dr. Jorgos Canacakis
Goldammerweg 9
45134 Essen
Telefon: 0201-442469
Fax: 0201-471800
www.canacakis.de
E-Mail: info@canacakis.de

Deutsche Hospiz Stiftung
Europaplatz 7
44269 Dortmund
Telefon: 0231-738073-0
Fax: 0231-7380731
www.hospize.de

Informationsbüro München
Baldestraße 9
80469 München
Telefon: 089-202081-0
Fax: 089-202081-11
www.hospize.de
E-Mail: info@hospize.de

Deutsche Krebshilfe e. V.
Buschstraße 32
53113 Bonn
Telefon: 0228-72990-0
Fax: 0228-72990-11
www.krebshilfe.de
E-Mail: deutsche@krebshilfe.de

Irmgard Häussermann –
Wanderwege der Seele. Reisen zu Kraftorten in der Natur für Trauernde und Menschen in Übergangszeiten.
Pellkinger Weg 92
59423 Unna
Telefon/Fax: 02303-13509
E-Mail: i-häussermann@t-online.de

Lebensquelle Trauer –
Akute Hilfe bei Trauer und Verlust
Jochen Schauer
Pastor-Schröder-Straße 37
24768 Rendsburg
Telefon: 04331-28899
Fax: 04331-26662
www.lebensquelle-trauer.de
E-Mail: Info@jochen-schauer.de

Telefonseelsorge Deutschland
24 Stunden täglich –
anonym, vertraulich, gebührenfrei
0800-1110111 oder 0800-1110222

Alpha – Hilfe zu den Themen Tod, Sterben und Trauer
Von-Hompesch-Straße 1
53123 Bonn
Telefon: 0228-746547
Fax: 0228-641841
www.alpha-nrw.de
E-Mail: rheinland@alpha-nrw.de
Friedrich-Ebert-Straße 157-159
48153 Münster
Telefon: 0251-230848
Fax: 0251-236576
www.alpha-nrw.de
E-Mail: info@alpha-nrw.de

Bundesverband Verwaiste Eltern in Deutschland e. V.
Hilfe und Begleitung für Familien, die vom Tod eines Kindes betroffen sind.
An der Verfassungslinde 2
04103 Leipzig
Telefonzeiten: Mo - Fr 9.00 - 12.00 Uhr
Telefon: 0341 - 94 68 884
www.veid.de
E-Mail: kontakt@veid.de

Sozialpsychiatrischer Notdienst
Fuchsthallergasse 18
1090 Wien
Telefon: 01-31330
Täglich 0-24 Uhr
www.psd-wien.at/psd

Dachverband Hospiz Österreich (DVHÖ)
Argentinierstr. 2/3
1040 Wien
Telefon: 01-8039868
Fax: 01-8032580
www.hospiz.at
E-Mail: dachverband@hospiz.at

Fonds Gesundes Österreich
Service- und Informationsstelle
für Gesundheitsinitiativen
Aspernbrückengasse 2
1020 Wien
Telefon: 01-8950400
Fax: 01-8950400/20
www.fgoe.org
E-Mail: info@fgoe.org

Palliative Care und OrganisationsEthik / IFF Wien
Alpen-Adria-Universität Klagenfurt
Leitung:
Univ. Prof. Mag. Dr. Andreas Heller MA
Schottenfeldgasse 29/4/1
1070 Wien
Telefon: 01- 522 4000-101
Fax: 01-522 4000-178
www.uni-klu.ac.at/pallorg
E-Mail: karin.schoenbauer@uni-klu.ac.at

Österreichische Krebshilfe Dachverband
Wolfengasse 4
1010 Wien
Telefon: 01-7966450
Fax: 01-7966450-9
www.krebshilfe.net
E-Mail: service@krebshilfe.net

Regenbogen Österreich
Verein zur Hilfestellung bei glückloser Schwangerschaft. Selbsthilfegruppe für Eltern, deren Babys durch Abortus, Fehlgeburt, Abtreibung, Totgeburt oder Tod kurz nach der Geburt gestorben sind.
Kontakt: Mag. Elisabeth Widensky
(Psychotherapeutin und Coach)
Bachgasse 3
3950 Dietmanns
Telefon: 0650-3710537
www.glueckloseschwangerschaft.at
E-Mail:
admin@glueckloseschwangerschaft.at

Telefonseelsorge Österreich
Mit der Notrufnummer 142 (ohne Vorwahl) ist die Telefonseelsorge 24 Stunden erreichbar
www.telefonseelsorge.at

Verein Verwaiste Eltern.
Leben mit dem Tod eines Kindes
Obfrau des Vereins: Hanna Caspaar
Thalstraße 38
8051 Graz
Telefon: 0664-5336044
beste Erreichbarkeit täglich von 12-22 Uhr
www.verwaisteeltern.at
E-Mail: verwaiste.eltern@inode.at

ADRESSEN IN DER SCHWEIZ

Suizid-Prävention Schweiz
Postfach 9
3073 Gümligen
www.suizid-prävention.ch
E-Mail: info@suizid-prävention.ch

Trauerforum Schweiz
Oberrüttenstr. 21a
4522 Rüttenen, Solothurn
Telefon: 032-6210305
für persönliche Beratung: Catharina Jlardo,
Telefon: 076-3343232

Erika Bachmann
Dipl.-Trauerbegleiterin IFAH
Teufenerstr. 112
9000 St. Gallen
Telefon: 071-2785788
Fax: 071 2785786
E-Mail: bachmann.eri@bluewin.ch

Stiftung Begleitung in Leid und Trauer
Konradstraße 15
8400 Winterthur
Telefon: 052-2690212
Fax: 052-2690214
www.leidundtrauer.ch
E-Mail: stiftung@leidundtrauer.ch

Refugium –
Verein für Hinterbliebene bei Suizid
Lindenbühl
3635 Uebeschi
Telefon: 084-8001888
www.verein-refugium.ch

Regenbogen Schweiz.
Leben mit dem Tod eines Kindes.
www.verein-regenbogen.ch

Telefonseelsorge Schweiz
Die Dargebotene Hand oder Telefon 143,
die für die gesamte Schweiz und das Fürstentum Liechtenstein gilt.

Alle Daten der Kontaktadressen wurden sorgfältig zusammengetragen, sollten sich trotzdem Fehler eingeschlichten haben, wird hierfür keine Haftung übernommen.

Literatur- und Quellenverzeichnis

Folgende Internetseiten und Bücher habe ich bei meinen Recherchen genutzt:

Zum Thema Islam:
www.islam.de, www.islamreligion.com sowie www.diewahrereligion.de

Zum Thema Tod, Trauer und Beileidsbekundungen haben mir die Informationen in dem Buch von Sabine Weiland geholfen: „Wenn Worte fehlen", mvg Verlag (August 2005), Trauer: Seiten 311-312.

Zum Thema Judentum:
Roland Gradwohl „Der jüdische Glaube" (Calwer 2000) und Sabine Weiland „Wenn Worte fehlen" (mvg Verlag 2005). Jürgen Karasch hat diese Themen in einem Essay „Tod und Trauer in den Religionen – Tod und Trauer im Judentum" im Internet zusammengestellt.

Zum Thema balinesischer Hinduismus:
www.insel-der-goetter.de/kultur.htm
Wu wei – Lebenskunst des Tao, Theo Fischer, Silberschnur-Verlag, 2. Auflage 1991

Weitere Bücher aus dem Verlag Via Nova:

Leben heißt Loslassen
Alles, was wir festhalten, hält auch uns fest
Matt Galan Abend

3. Auflage

Hardcover, 168 Seiten, ISBN 978-3-86616-024-8

Das Besitz anzeigende Fürwort MEIN ist sicher eines der meist gebrauchten Wörter unserer Sprache. Aber in Wirklichkeit ist nichts von dem, was wir für MEIN halten, wirklich unser Eigentum. Menschen schon gar nicht, und auch die materiellen Besitztümer, die wir mal mehr, mal weniger zur Verfügung haben, sind Leihgaben, mit denen wir eine Weile spielen dürfen. Wenn das Spiel unseres Lebens abgepfiffen wird, verlassen wir das Spielfeld, aber die Dinge können wir nicht mitnehmen. Fällt uns das Loslassen bei Dingen noch einigermaßen leicht, so haben wir große Schwierigkeiten mit dem Loslassen gegenüber unseren Kindern, Partnern, Freunden, unseren Vorstellungen, Plänen, Wahrheiten – die Liste lässt sich leicht verlängern. Wir machen uns gar nicht klar, wie viel Energie uns das Festhalten kostet. Aber nur wenn wir loslassen, können wir uns dem ständigen Wandel des Lebens, dem Entstehen und Vergehen, dem Kommen und Gehen anvertrauen, nur dann können wir im Fluss der Schöpfung sein.

50 Wege, loszulassen und glücklich zu sein
Wegweiser, Vergangenes loszulassen und glücklich in
der Gegenwart zu leben / Chuck Spezzano

7. Auflage

Hardcover, 168 Seiten, ISBN 978-3-936486-20-9

Dieses Buch des weltweit bekannten Lebenslehrers Chuck Spezzano ist ein wichtiger Wegweiser für alle, die einen Ausweg aus ihrer Lebenskrise suchen, eine Veränderung in ihrem Leben herbeiführen und eine bessere und glücklichere Gegenwart und Zukunft für sich eröffnen wollen. In kurzen und einprägsamen Lektionen erklärt der Verfasser an vielen Beispielen, wie alte Muster aus der Vergangenheit unser Handeln in der Gegenwart beeinflussen, und macht deutlich, dass wir nur dann wahrhaftig glücklich sein können, wenn wir die Fähigkeit entwickeln, Vergangenes loszulassen. Die Wahrheit seiner Lehren und Prinzipien erweist sich immer wieder in ihrer praktischen Umsetzung im Alltag, ganz gleich, ob die Krise durch den Verlust einer Beziehung, den Tod eines geliebten Menschen oder den Verlust der Gesundheit oder des Arbeitsplatzes ausgelöst wurde. Dieses Buch wird zu einem Ratgeber, Lehrer und weisen Freund werden, der dem Leser jederzeit hilfreich zur Seite steht

Neuer Lebensmut in der Begegnung mit dem Tod
Die Trauer zulassen – aber das Leben nicht vergessen
Maria Köllner

Paperback, 192 Seiten, ISBN 978-3-86616-059-0

Unser Leben ist ein Geschenk, vielfältig und wunderbar. Das empfinden wir häufig nicht mehr, wenn uns der Tod eines nahe stehenden Menschen die Lebensfreude nimmt. Doch wenn wir dem Tod keine Herrschaft über uns und unser Leben einräumen, öffnen sich neue, ungeahnte Wege. Das zu erkennen und die Veränderung als Chance anzunehmen ist die Botschaft dieses Buches. Es beschreibt die Erfahrung der Autorin Maria Köllner, die ein Jahr lang ihren sterbenskranken Mann begleitet. Krankheit und Angst haben die Macht über ihr gemeinsames Leben ergriffen, bis sich ihre Wege trennen. Durch die Begegnung mit dem Tod öffnen sich nach einer Weile neue, ungeahnte Lebenswege für die Zurückgebliebene. So entsteht aus dem Schmerz die Kraft für einen Neubeginn. Das Fazit: Mit Mut und Glauben gewinnen wir unsere Lebensfreude auch nach Schicksalsschlägen zurück. Neben einer neuen Vielfalt der Gegenwart wächst das Gefühl von Dankbarkeit für die geliebten Menschen, die vor uns gegangen sind.

Der Tod als Durchgang zu neuem Leben

Sichtweisen der verschiedenen Religionen
Das Totenbuch des Westens
Werner Plate / Helene Etminan

Paperback, 144 Seiten, ISBN 978-3-86616-113-9

In allen Religionen wird der Tod als eine wichtige Chance zur Erreichung von Erleuchtung und des Ewigen Lebens angesehen. Deshalb wird in diesem Buch das Geschehen nach dem Tod aus der Sicht der großen Religionen untersucht, und es werden die Erfahrungen erläutert, die die Seele einer verstorbenen Person auf ihrem Weg in die Unsterblichkeit bzw. zur nächsten Wieder-Verkörperung macht. Auf einer grundsätzlichen Ebene wird einsichtig, was im Nach-Tod eigentlich geschieht, und es wird eine Sicht darauf eröffnet, wer wir wirklich sind – im spirituellen Sinne. Orientiert am Tibetischen Totenbuch enthält das Buch einen Text, der einer verstorbenen Person zur Begleitung ihrer Seele vorgelesen werden kann. Das Vorlesen dieses Textes unterstützt die Seele des Verstorbenen darin, sich für die Erfahrung des Göttlichen zu öffnen oder sich für eine positive Wiedergeburt zu entscheiden. Mit der Ermutigung zur Sterbebegleitung kann dieses Buch außerdem helfen, sich dem Sterben einer geliebten Person zu stellen und auch positiv mit dem eigenen Sterben umzugehen.

Der Tod ist nicht des Lebens Ende

Der Anfang unseres Daseins in einer höheren Dimension
Beate Helga Roth

Paperback, 128 Seiten, ISBN 978-3-86616-136-8

Viele Menschen fragen nach dem Sinn des Lebens und des Sterbens, für viele in unserer Gesellschaft ist der Tod aber ein Tabuthema. Die Autorin B. H. Roth macht in diesem Buch aufmerksam auf die vielen Gesichter des Sterbens und des Todes. Sie kritisiert aus eigener Erfahrung anhand zahlreicher Beispiele den heutigen Umgang damit und ermuntert einfühlsam den Leser, die eigene Vergänglichkeit als Merkmal des Lebens anzunehmen, sich offen und bewusst damit auseinander zu setzen, um sich für Abschied und Trauer vorzubereiten, loslassen zu können, nach erlittenen Verlusten Trost zu finden und das tägliche Leben in seiner Vielfalt bewusst wahrzunehmen und auszuschöpfen. In überschaubaren, leicht lesbaren Kapiteln bietet das Buch wertvolle Lebenshilfe, erweitert das Bewusstsein und vermittelt eine sinnorientierte Geisteshaltung.

Öffne dich dem Trost

Meditationen und Mandalas für die Trauerzeit
Angelika und Michael Kuhn

Gebunden, 48 Seiten, 22 vierfarbige Mandalas, ISBN 978-3-928632-35-5

Dieses Buch wendet sich mit meditativen Texten und wunderschönen Aquarell-Mandalas an Menschen, die sich von einer geliebten Person an der Schwelle des Todes verabschieden und dann ihren schmerzlichen Verlust verkraften müssen. Menschen, die sich dem Gedanken aufgeschlossen haben, dass das Sterben nicht nur Teil des Lebens, sondern dessen spiritueller Höhepunkt ist, können im bewussten Erleben von Abschied und Trauer ein großes eigenes spirituelles Wachstum erfahren. Eine meditative Versenkung in die Texte ermöglicht das „Loslassen" und stellt eine innere Offenheit her, in der der Trost als Geschenk empfangen werden kann. Jeder Text bringt eine andere Saite der Abschiedsgefühle zum Schwingen, und zu jedem gibt es ein Mandala, das ebenso zur Meditation einlädt.

Die Vision vom göttlichen Menschen
Eine spirituelle Weg-Begleitung in das neue Jahrtausend
Barbara Schenkbier

Paperback, 424 Seiten, 21 ganzseitige Bilder, ISBN 978-3-928632-68-3
Prachtband: Geb., 424 Seiten, Einband Kunstleder mit Goldaufdruck,
21 ganzseitige Bilder, Zweifarbendruck, ISBN 978-3-928632-18-8

Das Buch ist ein umfassendes Standardwerk, das den Durchbruch einer neuen Evolutionsstufe im Bewusstsein des Menschen vorbereiten hilft. Aufbauend auf wissenschaftlichen Erkenntnissen und der mystischen Tradition aller Religionen führt es zu einem tieferen Wissen über das menschliche Bewusstsein, um dann den Weg zum göttlichen Menschen zu beleuchten. Alle wichtigen Schritte werden beschrieben, wesentliche Übungen aus einer neuen Sicht heraus dargestellt und die Transformationsstufe zu einem neuen Bewusstsein geschildert. Beim Lesen und Anwenden der beschriebenen Wahrheiten eröffnet sich dem Leser eine neue Sicht auf den Sinn des Lebens. Alle, die den geistigen Weg beschreiten, werden ihn besser verstehen, ihn bewusster, mutiger und konsequenter weitergehen. Das Buch ist aus der eigenen spirituellen Erfahrung der Autorin heraus geschrieben und eröffnet den Blick in eine Zukunft, die die evolutionäre Schöpferkraft selbst schaffen wird.

Die befreiende Kraft der Vergebung
Eine Anleitung, um wirklich verzeihen zu können
Jim Dincalci

Paperback, 288 Seiten, ISBN 978-3-86616-198-6

Manchmal sind es nur kleine Dinge, die man nicht verzeihen kann, manchmal traumatische Ereignisse, die das ganze Leben überschatten. Aber immer, so betont der amerikanische Psychologe und Vergebungsexperte Jim Dincalci, vergiften sie das eigene Leben. Vergeben bedeutet darum freiwerden. Aber wie? Dincalci hat dazu ein Vergebungsprogramm entwickelt, das wirklich hilft: um die Blockaden auf dem Weg der Vergebung zu lösen, um die inneren Helfer zu entdecken, die stärken, und vor allem: um sich auch selbst vergeben zu lernen.

Reifejahre
Lebensfreude und Sinnfindung
Prof. Manfred Stöhr

Paperback, 224 Seiten, mit 25 Fotos, ISBN 978-3-86616-076-7

Dieses Buch gibt vor allem älteren Menschen umfangreiche Informationen zu ihrer Lebenswirklichkeit. Es regt sie an, über sich und ihre Situation nachzudenken, sich selbst und ihr Alter anzunehmen und ihr Leben selbstbewusst und möglichst eigenständig zu gestalten. Der Autor zeigt vielfältige Möglichkeiten sinnvoller Betätigung und Beispiele geglückten Altwerdens auf, aber auch Gefahren, die das Alter belasten. Das Buch regt die Leser an, ihre Neigungen, Fähigkeiten und Möglichkeiten zu erproben und zu nutzen, auch gegen heutige Modetrends nach ihrem Gewissen zu leben, ihre Lebensziele zu verwirklichen, Sterben und Tod anzunehmen und nicht zu fürchten. Der Autor bezieht sich in seinen Aussagen über das Alter auf Philosophen, Religionsgründer und Schriftsteller von der Antike bis zur Gegenwart, bietet damit einen reichen Erfahrungsschatz, der dem Leser Mut und Gelassenheit schenken kann.

Im Urvertrauen leben

Loslassen, fallen lassen, gelassen sein
Matt Galan Abend

Hardcover, 176 Seiten, ISBN 978-3-86616-199-3

Viele Menschen leben heute mehr im „Urmisstrauen" als im Urvertrauen: Geprägt durch Erfahrungen der Kindheit und ihres täglichen „Lebenskampfes" misstrauen sie oft allem und jedem – natürlich auch sich selbst. Sie wollen alles beobachten, alles kontrollieren, alle Fäden in der Hand behalten und wittern überall Angriff und Gefahr. Das verbraucht Ihre Energie, und Sie erfahren immer mehr Ihre Begrenzung und Ihren Mangel statt die Fülle der Schöpfung. Dieses Buch zeigt den Weg, wie wir auch noch als Erwachsene die essentiell wichtige Basis des Urvertrauens aufbauen können, wie wir lernen, unsere Lebensaufgabe zu erkennen, anzunehmen und zu lösen, kreativ-spielerisch zu gestalten, statt zu kämpfen, uns unserer wahren Schöpferkraft bewusst zu werden und die geistigen Gesetze der Schöpfung für uns, statt gegen uns wirken zu lassen.

Lebenskrisen meistern

Handbuch für Selbstmanagement in schwierigen Zeiten
Erika Helene Etminan

Paperback, 320 Seiten, ISBN 978-3-86616-145-0

Dieses Buch ist eine wichtige Unterstützung für Menschen, die eine schwere Lebenskrise durchleben oder die einen anderen Menschen durch eine solche Krise begleiten. Es hilft zu verstehen, was eigentlich in Krisenzeiten geschieht. Dies gilt für Krisen im privaten wie im beruflichen Leben, aber auch in Unternehmen und Organisationen. Alle wichtigen Aspekte der Krisenentstehung und Krisenbewältigung mit vielen praktischen Hinweisen und Erfahrungsberichten sind in diesem Buch übersichtlich dargestellt und verständlich erläutert. Ausführlich wird die spirituelle Dimension des Krisengeschehens erläutert und zugänglich gemacht.

Meditation hilft heilen

Der Übungsweg des Herzens
Peter Wild

Paperback, 192 Seiten, ISBN 978-3-936486-58-2

Peter Wild zeigt in seinem neuesten Buch auf, dass und wie die Meditation zu einem Vorgang der Heilung werden kann. Was er in Kursen und Ausbildungen weitergibt, macht er nun in Buchform zugänglich. Von der großen Kunst der Vermittlung, von der seine Kurse leben, lebt auch das Buch. Das Buch führt in unterschiedliche Ausrichtungen der Meditation ein:

- die Meditation als Weg zu den eigenen Ressourcen,
- die Meditation als Sensibilisierung für die innere heilende Kraft,
- die Meditation als Umgang mit dieser heilenden Kraft im Dienst der Selbstheilung,
- die Meditation als Sendung dieser heilenden Kraft zu anderen Menschen.

Peter Wild versteht es, alte spirituelle Heiltraditionen im Licht der modernen Erkenntnisse (Psychotherapie, Neurologie, Traumaforschung) verständlich zu machen. Zudem knüpft er an die oft vergessenen Tatsache an, dass am Anfang der christlichen Tradition ein Heiler steht: Jesus von Nazareth hat geheilt und den Heilungsauftrag in aller Selbstverständlichkeit weitergegeben.